CHECK & STRIPE

てづくりで ボンボヤージュ

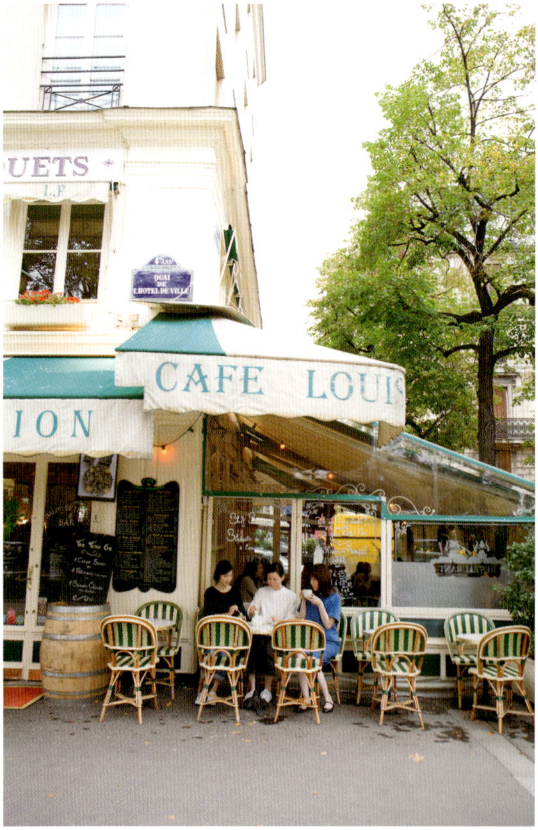
UETS
CAFE LOUI
ION

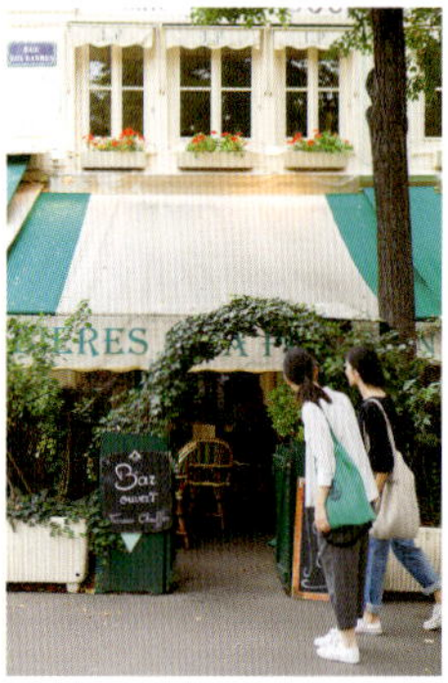

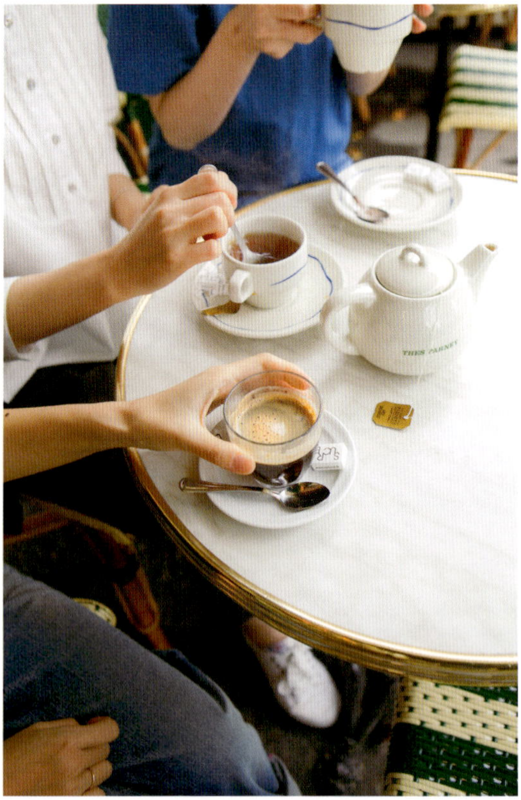

ある日、お気に入りのリネンのコートのポケットに手を入れると、
そのポケットにパリのメトロの切符が一枚入っていました。
ポケットの少し冷たいリネンの感触から、
その時に行ったカフェの匂いがよみがえります。

冬の朝、カシミアのストールを巻くと、
はじめはひんやりとした布がだんだん柔らかくなり、
やがてやさしく首や頬をあたためてくれました。
その肌触りから、その日の空の色が思い出されます。

こんなふうに、その時に身につけていた洋服の布の手触りが、
旅で出会ったひとつひとつの思い出と繋がっていきます。

布を選び、デザインを考えはじめた時からはじまる小さな旅。
それが楽しい笑い声や、光に満ちあふれた旅になるように、
「Bon voyage!」という言葉を贈ります。

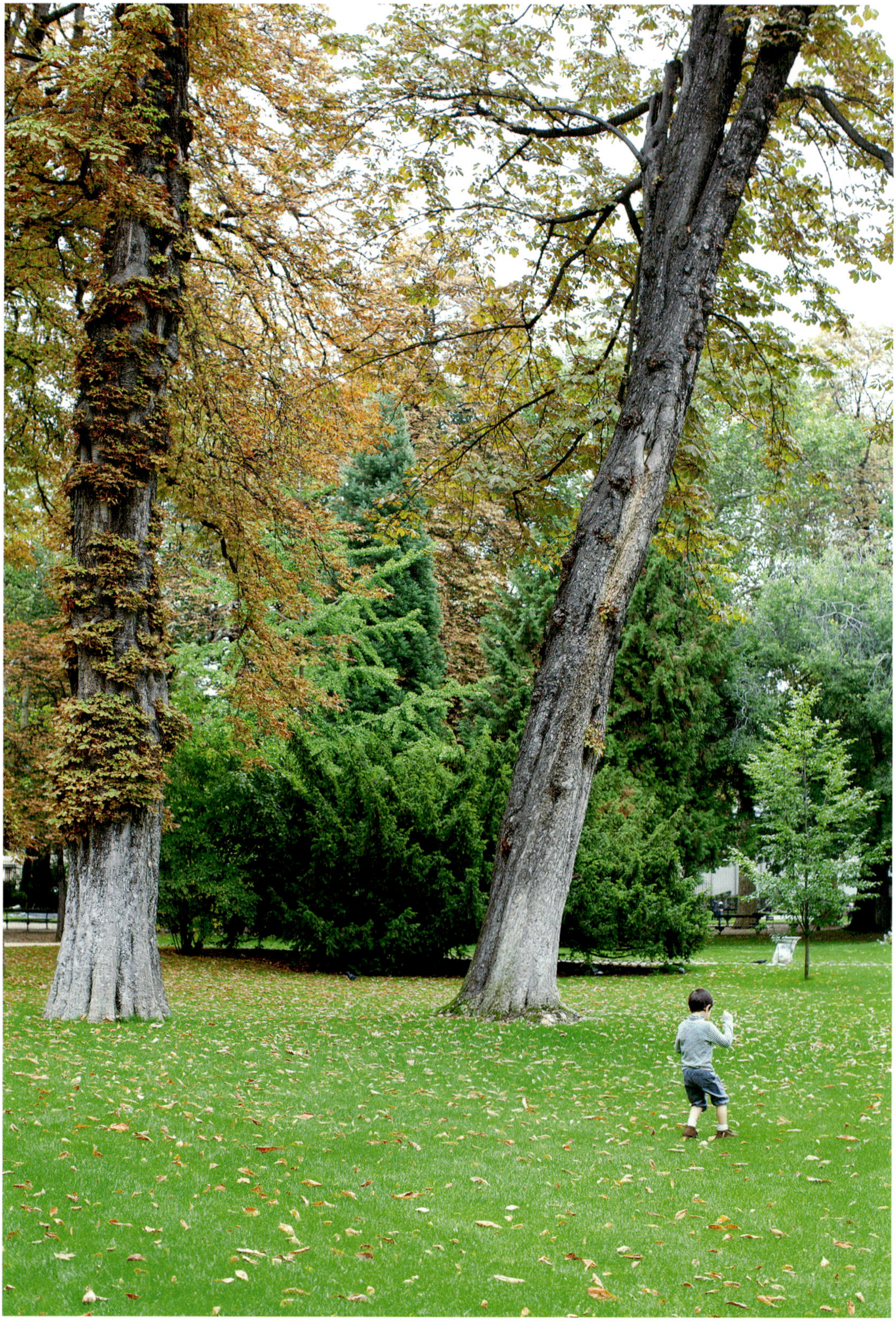

INDEX 6

CONTENTS

part 1
手作り服とパリ 8

1　ひとつボタンのブラウス 10
2　ジャスミンのブラウス 12
3　ローブブルー 14
4　リネンガーゼのショップコート 16
5　子供カットソーワンピース パフ袖 18
6　子供カットソーワンピース 普通袖 19
7　子供ニッカボッカ 20
8　ストール 22
9　カシミアの湯たんぽカバー 23
10　ワンハンドルバッグ 24
11　うさぎのサシェ 25

Column 1　パリのワークショップ 26

part 2
フランスの海辺の街へ 28

12　シンプルパンツ 30
13　ブラウジングブラウス 32
14　ノースリーブワンピース 34
15　海辺のロングスカート 36
16　水玉模様のワンピース 38
17　ギャザーワイドパンツ 40
18　リネンガーゼのストール 41
19　リバーシブルギャザーバッグ 42
20　ちくちくブランケット 43

Column 2　イル・ド・レ散歩 44

part 3
お揃いのおしゃれな手作り服 46

21　AラインTシャツ 大人 48
22　AラインTシャツ 子供 49
23　スモックワンピース 大人 50
24　スモックワンピース 子供 50
25　あじさいのワンピース 大人 52
26　あじさいのワンピース 子供 53
27　カシュクールブラウス 大人 54
28　カシュクールワンピース 子供 55

Column 3　ブラウスを簡単アレンジ 58
29　タックブラウスをチュニックに 58
30　ブラウジングブラウスのゴムをリボンに 59

この本で使った布たち 60
CHECK＆STRIPEのお店 64
作り方 65

INDEX

BLOUSE

1
ひとつボタンのブラウス／p.10

2
ジャスミンのブラウス／p.12

13
ブラウジングブラウス／p.32

21
ＡラインＴシャツ　大人／p.48

27
カシュクールブラウス　大人／p.54

ONE-PIECE

3
ローブブルー／p.14

14
ノースリーブワンピース／p.34

16
水玉模様のワンピース／p.38

23
スモックワンピース　大人／p.50

25
あじさいのワンピース　大人／p.52

COAT

4
リネンガーゼのショップコート／p.16

PANTS

12
シンプルパンツ／p.30

17
ギャザーワイドパンツ／p.40

SKIRT

15
海辺のロングスカート／p.36

KID'S

5
子供カットソーワンピース パフ袖
p.18

6
子供カットソーワンピース 普通袖
p.19

7
子供ニッカボッカ
p.20

22
AラインTシャツ 子供
p.49

24
スモックワンピース 子供
p.50

26
あじさいのワンピース 子供
p.53

28
カシュクールワンピース 子供
p.55

ACCESSORIES

8
ストール
p.22

9
カシミアの
湯たんぽカバー
p.23

10
ワンハンドル
バッグ
p.24

11
うさぎの
サシェ
p.25

18
リネンガーゼの
ストール
p.41

19
リバーシブル
ギャザーバッグ
p.42

20
ちくちく
ブランケット
p.43

part 1

手作り服とパリ

　パリの朝。泊まっているホテルの前の通りにはパン屋さんがあって、朝早くから賑やかな声が聞こえています。きちんとアイロンをかけた手作りの白いブラウスを着てホテルの食堂におりると、一緒に来ている仕事仲間が先に朝食をはじめていました。彼女の今日の洋服は、出発の前日に仕上げたというブルーのワンピース。白いサボにかごを合わせています。今日はとてもいいお天気。まずはバスに乗ってセーヌ川を渡り蚤の市に行くことにしました。そのあとはリボンやボタンが豊富な古いメルスリー、すみれのボンボンを売っている小さなお菓子屋さん、午後はパリに住んでいる友人の子供たちとメリーゴーランドのある公園へ。
　この本は、手作り好きの女の子がそんなふうに数日間パリで過ごすことをイメージして作りました。石畳のパリの街角やアパルトマンの白い部屋、落ち葉の公園といったパリの風景の中で映える手作りを提案しています。本を手に取った方も、私たちと一緒にパリを歩いているような気持ちで手作りを楽しんでいただければと思います。

1
ひとつボタンのブラウス
Chemisier à un button

衿ぐりにきれいにギャザーが入るように透け感のある軽やかな綿麻の布を使用しました。
ボタンをひとつとめるだけで、前あきの縦のラインに動きが出て、
体型をすっきり見せてくれます。アーティチョークのブローチをつけて。

作り方 → p.66

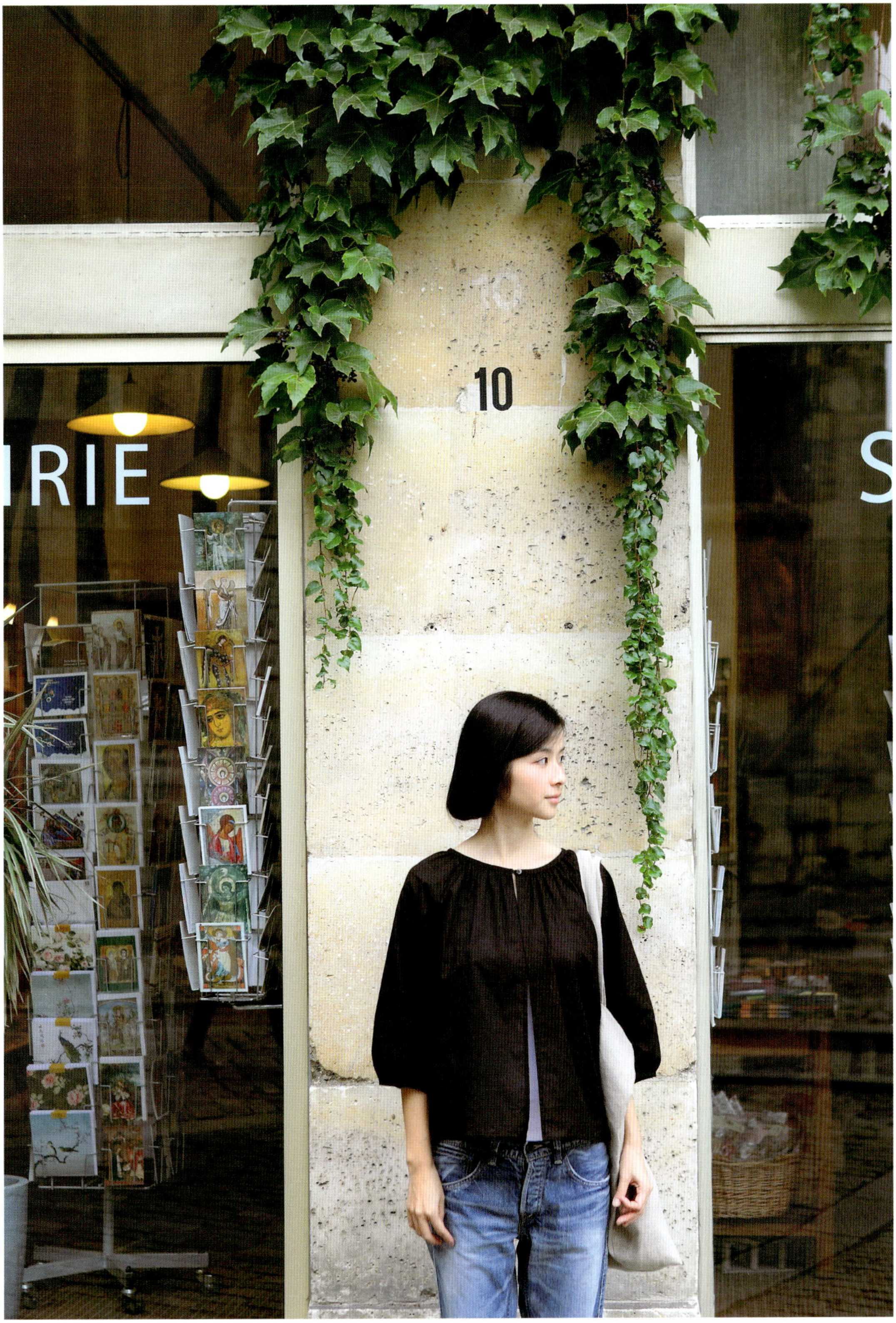
10
IRIE

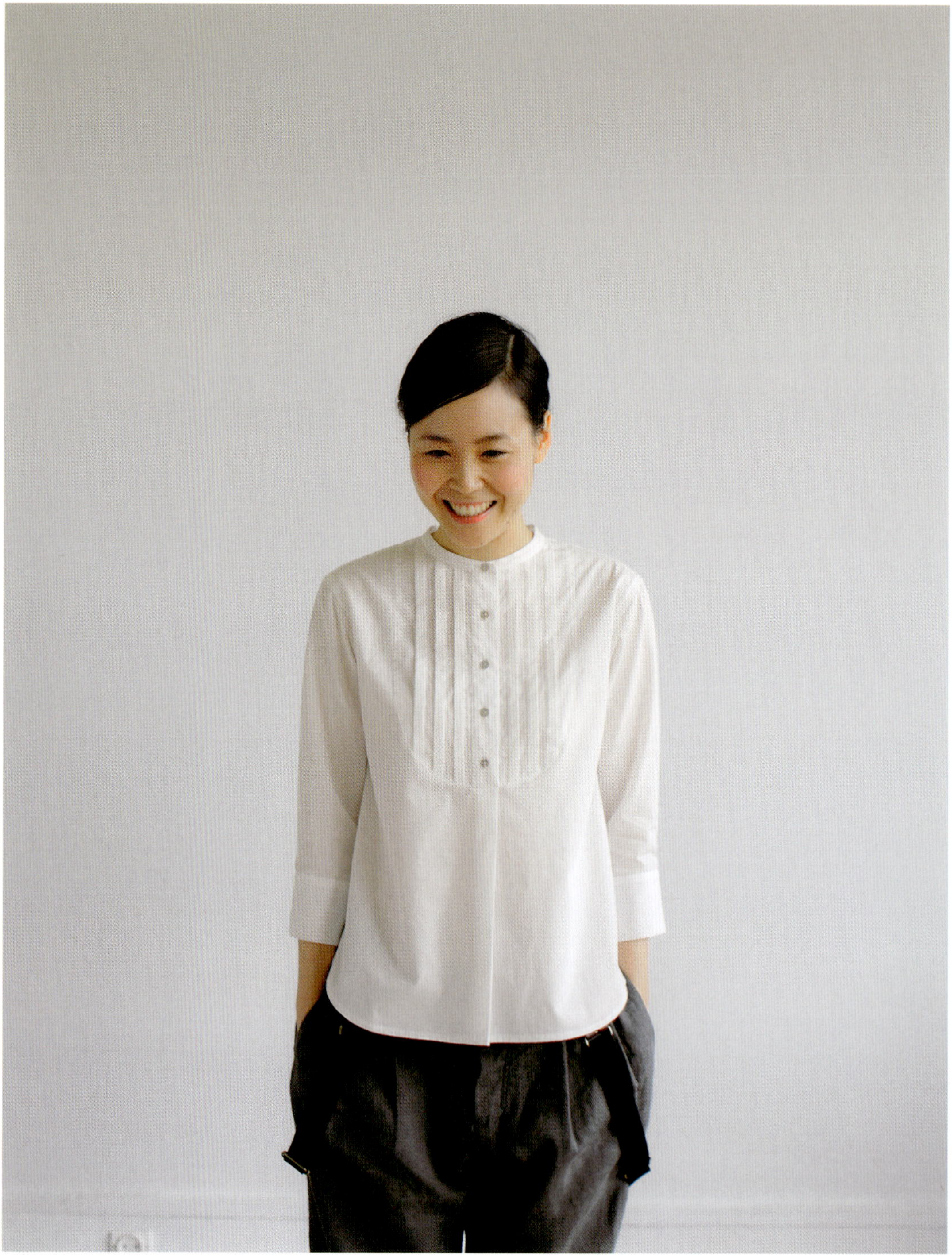

2
ジャスミンのブラウス
Chemisier couleur jasmin

ジャスミンの花びらのような清潔感のある白いタックブラウス。
きちんとアイロンをかけたブラウスを着ると、気持ちまですっときれいになる感じがします。
カジュアルなパンツと合わせたり、ボタンを開けてラフに着ても素敵です。

作り方 → p.68

後ろ身頃にはたっぷりとギャザーをとり、動きが出るようデザインしました。

3
ロードブルー
Robe bleue

インディゴで染めたような淡いブルーのワンピース。
スカートの裾幅をあえて少しせまくしてニュアンスを出し、全体のシルエットをきれいに見せています。
そのまま一枚で着るだけで絵になる、おしゃれ感のあるワンピースです。

作り方 → p.70

ポイントで後ろに大きくあきをとりました。
後ろのひもでウエストの調節ができます。

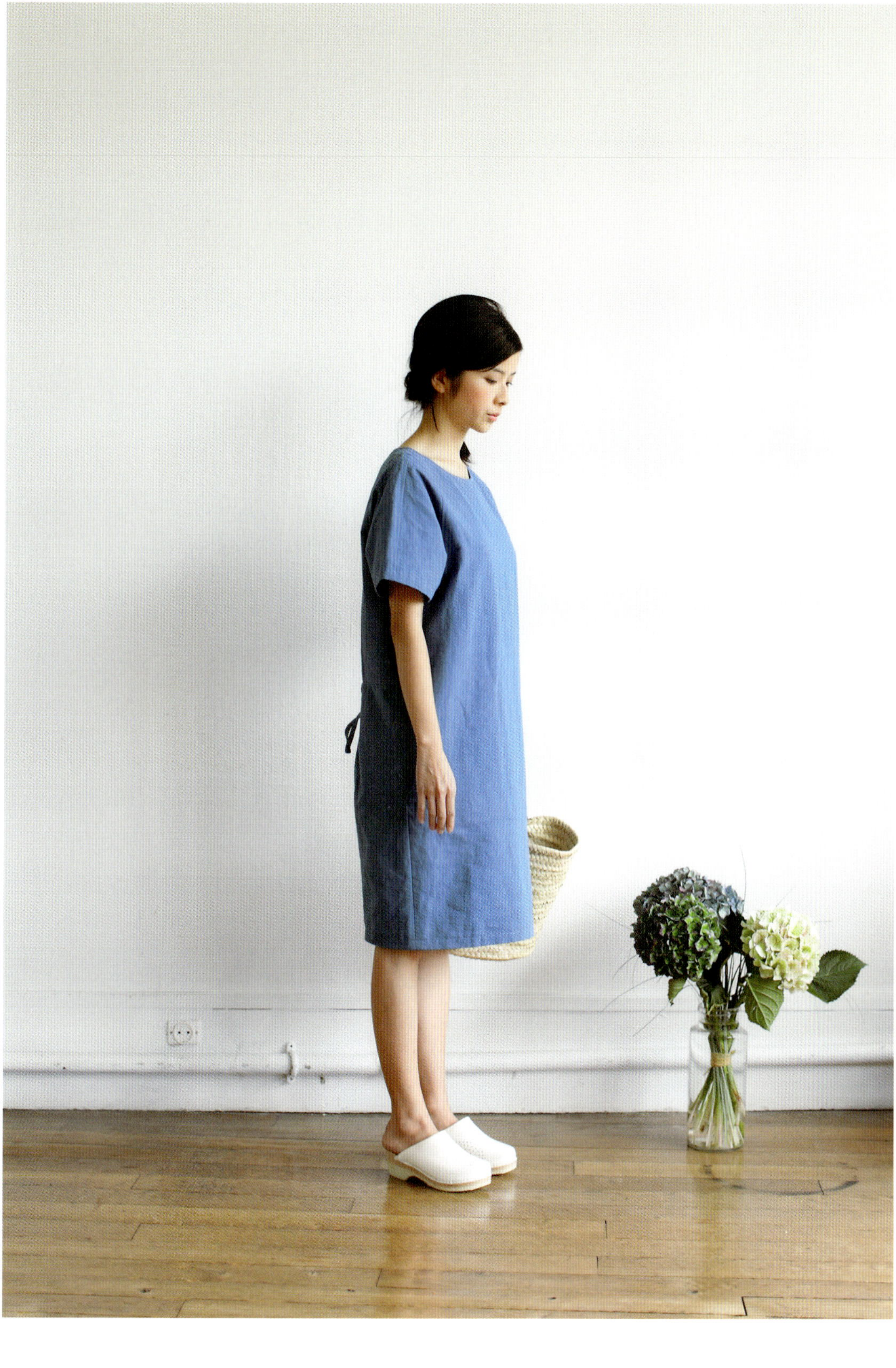

4
リネンガーゼのショップコート
Coat en lin

さっと羽織るだけでスタイリングが決まるショップコート。
軽やかさと涼しさを保つため、オリジナルのリネンガーゼで作りました。
パンツスタイルはもちろん、ワンピースに合わせても素敵。春、夏、秋と３シーズン活躍します。

作り方 → p.72

5
子供カットソーワンピース パフ袖
Robe en jersey à manches bouffantes

着心地がいい子供用のカットソーワンピース。
少しだけAラインにしています。
パフ袖で女の子らしく仕上げました。
作り方 → p.74

布を替えて作ってみました。シックな
水玉が子供のかわいさを引き立てます。

6
子供カットソーワンピース 普通袖
Robe en jersey à manches courtes

こちらはシンプルに普通の袖をつけてみました。
そのままはもちろん、カーディガンを合わせてもかわいい。
布を替えて何枚でも作りたいワンピースです。
作り方 → p.74

元気が出るようなさわやかなターコイズ色のボーダーを使って。夏休みのイメージ。

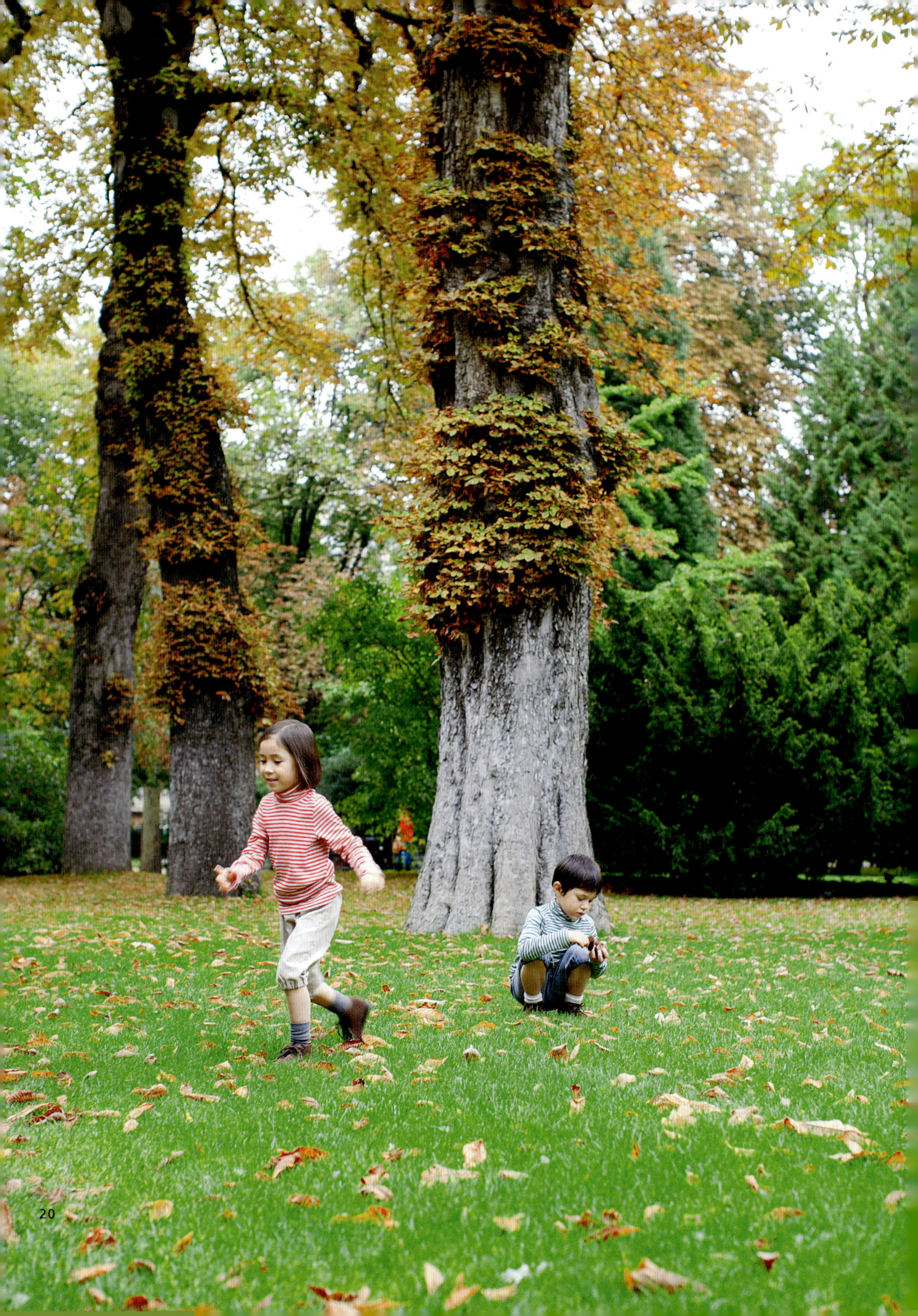

7
子供ニッカボッカ
Bermuda pour enfants

雨上がりの秋のリュクサンブール公園で、子供たちはマロニエ拾いに夢中。
走ったりしゃがんだりしても平気なはき心地のいいパンツを
柔らかなコーデュロイで作りました。男の子にも女の子にも似合うデザインです。

作り方 → p.76

8
ストール
Châle

肌触りのいいカシミアリネンのストール。
上質な素材なので、羽織るだけでも上品な着こなしができます。
軽くて暖かいストールは、家にいる時も外出する時も手放せない一枚に。
そのまま肩にかけても落ちないように、小さなボタンをつけています。

作り方 → p.78

9
カシミアの湯たんぽカバー
Couvre-bouillotte en cachemire

冬のパリ行きのトランクに必ず忘れずに入れている湯たんぽ。
抱きしめるとカシミアの肌触りがやさしい眠りを誘ってくれます。
寒がりでさみしがりやの友人へのプレゼントにしても。

作り方 → p.101

10
ワンハンドルバッグ
Petit sac avec une poignée

財布や携帯電話を入れて、このままお出かけ用として使うのはもちろん、
私はバッグインバッグにして、大切なものだけを入れて使っています。
とても簡単にできるので、好きな布でぜひ作ってみてください。

作り方 → p.79

11
うさぎのサシェ
Sachet lapin

パリのワークショップ (p.26) で題材にした小さなうさぎのサシェ。
これはギンガムチェックで作っていますが、リバティプリントなどの小花柄もかわいい。
クローゼットに吊るして香りを楽しんだり、ストラップとして使うのもおすすめです。

作り方 → p.101

Column 1　パリのワークショップ

パリの空気の中で楽しむ手作りはまた格別なもの。ワークショップでは、おいしいお茶とお菓子をいただきながら、またみんなで会話を楽しみながら、ひと針ひと針心をこめて自分だけの作品を作っていきます。

①ワークショップを開いたサロン・ド・テ。店名『マミー・ガトー』とは"ママのケーキ"の意。日本人のマリコさんが作る焼きたてのケーキや心のこもったランチをお目当てに多くのパリっ子が集まってきます。
66 rue du Cherche-Midi 75006 Paris
☎01・42・22・32・15
営/11:30〜18:00　休/日・月曜

②日本から用意してきたキット。
③参加者はCHECK&STRIPEのHPを見て、申し込んでくださったパリ在住の日本の方々。

④⑤3種類の布から好きな生地を選んで作ります。

　CHECK&STRIPEでは、日本でもいろいろな作家さんのお力を借りてワークショップを行っていますが、最近はロンドンなど買い付け先の海外で行う機会も少しずつ増えています。パリもそのひとつで、今回で2度目。私の大好きなサロン・ド・テ『マミー・ガトー』を特別にお借りして開きました。アーティストや主婦、学校の先生など、さまざまな人が古い大きなテーブルを囲みます。この日わいわいと作り上げたのはうさぎのサシェ。パリで美容の勉強中という初めての男性の参加者もいました。異国の地で暮らす苦労を伺ったり、手作りについての情報を交換したり、私たちにとってはとても刺激を受けるひとときでもあります。いろいろなお話をしながら、ひとつのものを作っていくワークショップはパリでも楽しい時間でした。

⑥参加された皆さんが持ってきていたお裁縫箱がフランスの古い紙の箱だったり、糸切りばさみもフランス製だったり、そんな発見も楽しい時間です。

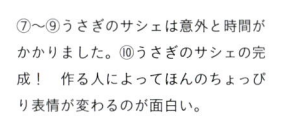

⑦〜⑨うさぎのサシェは意外と時間がかかりました。⑩うさぎのサシェの完成！ 作る人によってほんのちょっぴり表情が変わるのが面白い。

作り方→p.101

※日本から電話をかける際は、頭にフランスの国番号+33をつけてダイヤルしてください

27

part 2

フランスの海辺の街へ

　パリに来るたび必ず通っていた大好きなアンティークのお店が大西洋に面した島に移転したと聞いて、その小さな島イル・ド・レを訪ねることにしました。パリから3時間電車に乗り、それから車で20分ほど走るときれいな色の海が見えてきます。島にかかる橋を渡って着いたサンマルタンという名の港には、小さな船がのんびりと浮かんでいました。家々のカーテンにはかわいいレースの模様、小道には立葵の花が咲いていました。
　この島に来る日のために選んだのはブルーや白のコットンやリネンの布。ボーダーのTシャツや麦わら帽子に合うような洋服を作ってトランクに入れてきました。
　夏が終わり、秋がはじまろうとしている季節外れの海で、風をはらんでスカートが揺れたら、いつのまにか自分も空に溶け込んでいくみたい。長く続く遠浅の海岸できれいな色の貝殻を探していると、この町に住んでいる人が小さな穴のあいた石にリボンを通して、首にかけてくれました。

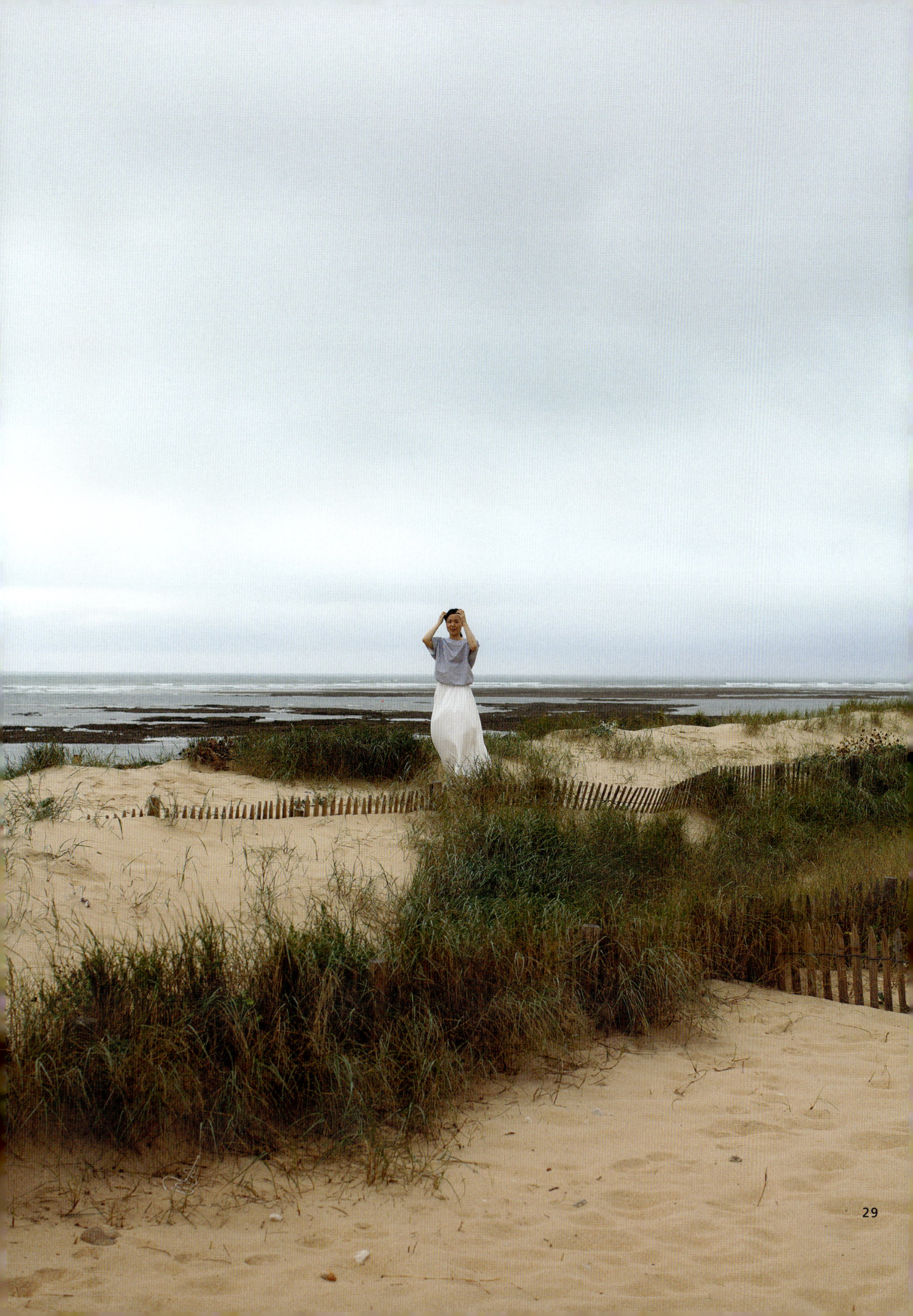

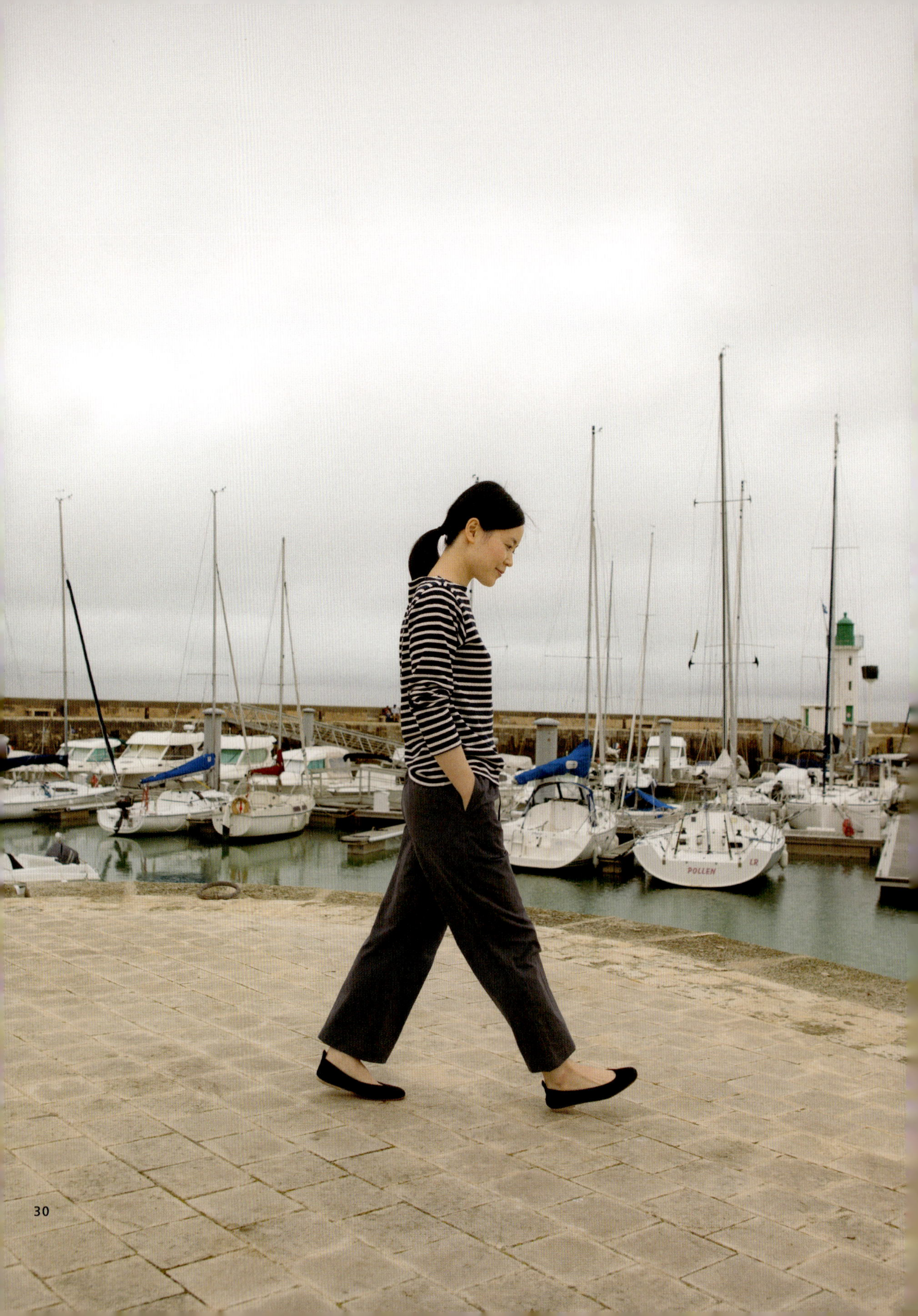
POLLEN
LR

12
シンプルパンツ
Pantalon simple

定番のボーダーTシャツに合うようなシンプルでシルエットのよいパンツを考えました。
動きやすさと着心地のよさも抜群です。少しくるぶしが見えるくらいの丈がポイント。
手作りのお気に入りのパンツをはいてゆっくりと港を歩きます。

作り方 → p.82

13
ブラウジングブラウス
Petit haut boule

裾にゴムを通してブラウジングしたブラウス。旅先では着心地のいい洋服が一番。
p.37でも布を替えて作っていますが、ここでは薄手のウールで作ってみました。
袖がひと続きになっているため、縫う箇所も少なく、初心者におすすめのアイテムです。

作り方 → p.84

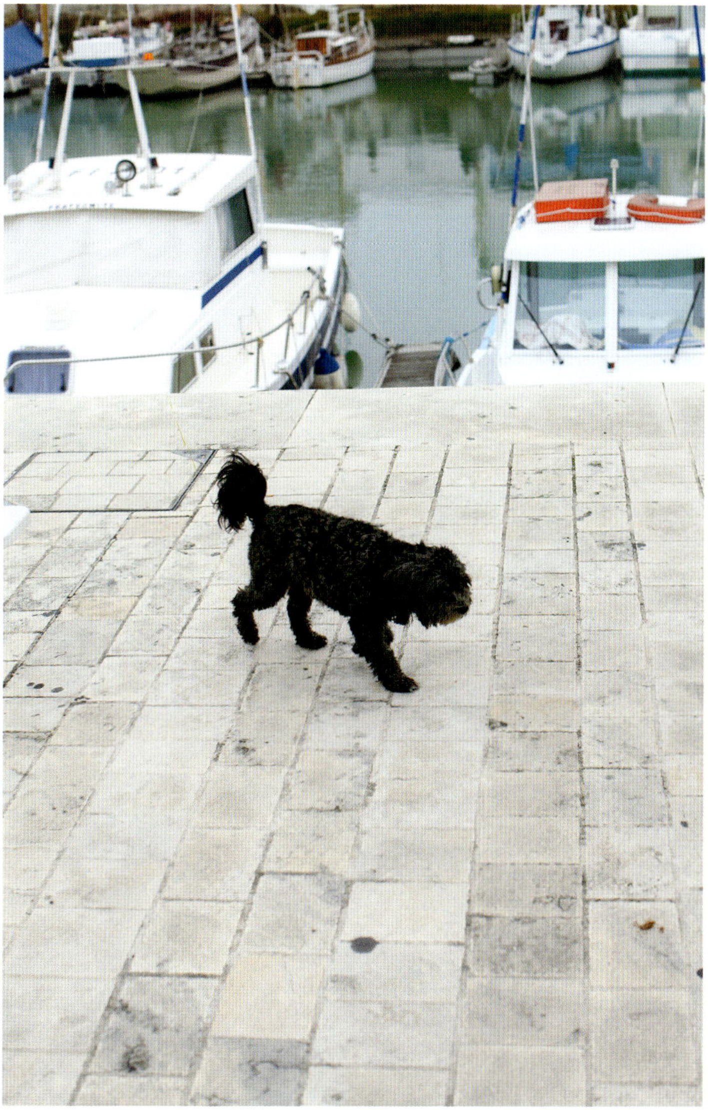

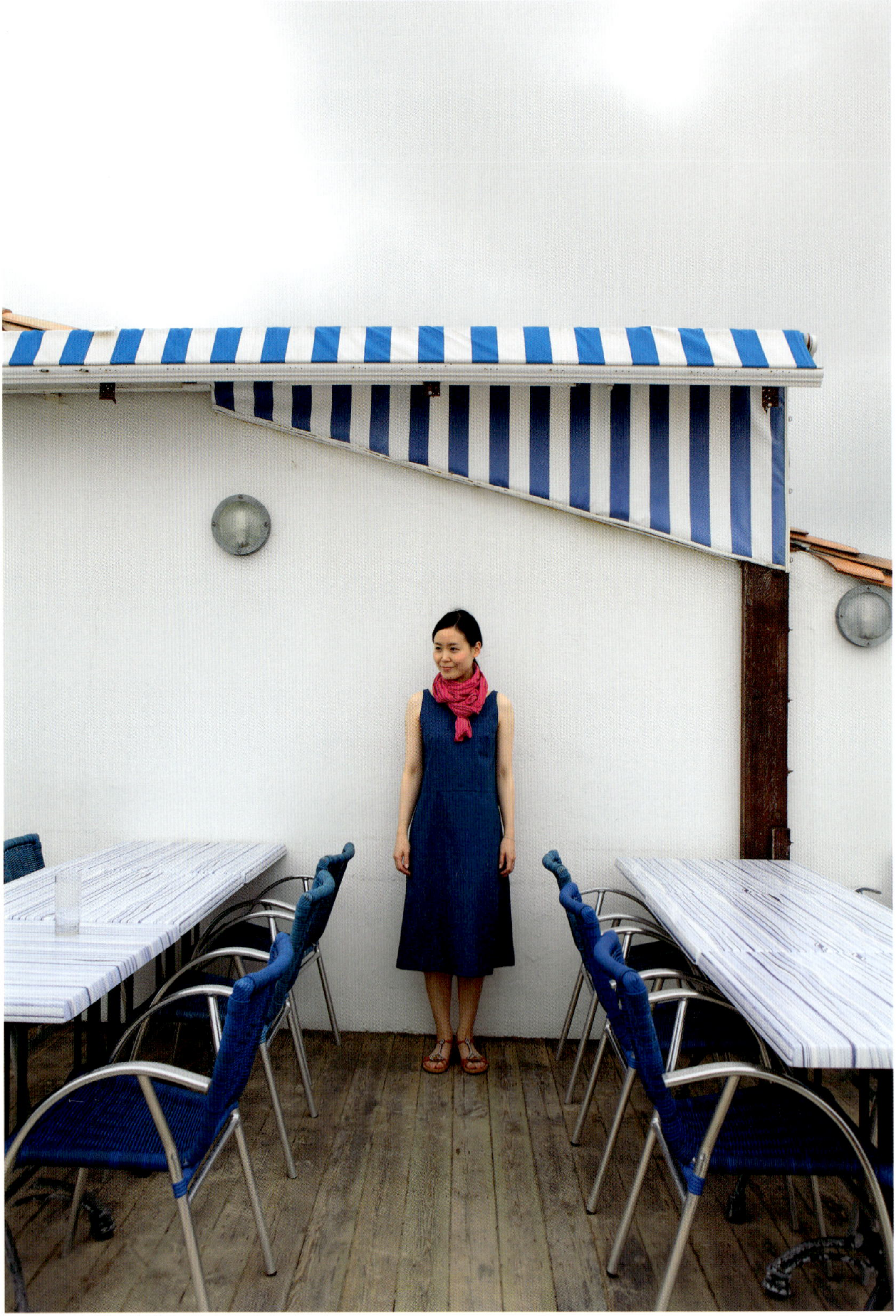

14
ノースリーブワンピース
Robe sans manche

この島の海や空のようなブルーをイメージしたノースリーブワンピース。
首もとのあきがきれいに出るようにこだわってパターンをひいています。
シルエットもきれいで、カーディガンやジャケットとも合わせやすい一枚です。

作り方 → p.86
ストールの作り方 → p.78

15
海辺のロングスカート
Jupe longue

p.32のブラウジングブラウスの生地違いに白いロングスカートをコーディネート。女の子の永遠の定番です。
立体感を出すためにわざと後ろスカートにたっぷりギャザーをとって膨らみを持たせました。
軽やかなさらっとした手触りのダブルガーゼで作っています。

作り方 → p.88
ブラウジングブラウスの作り方 → p.84

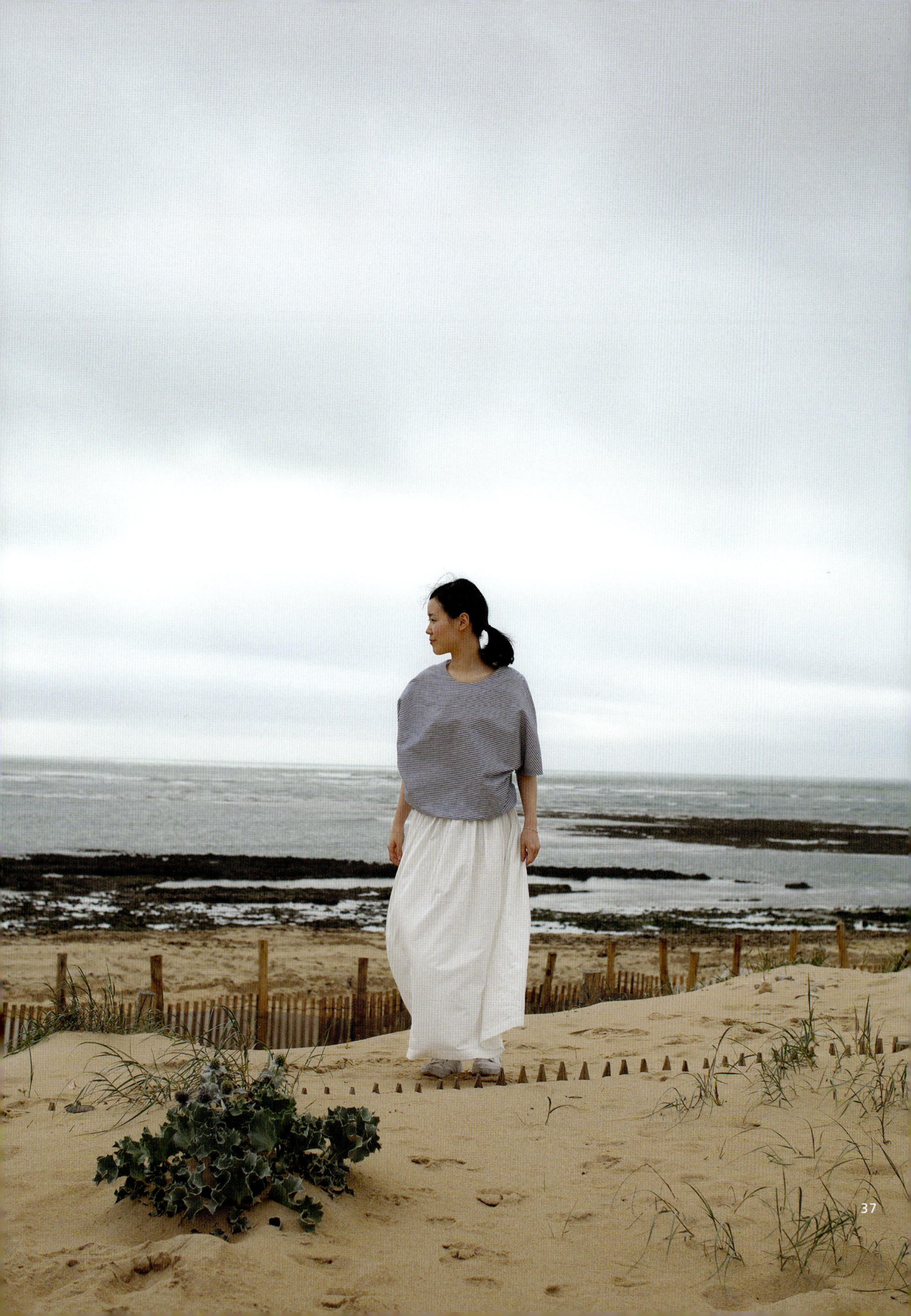

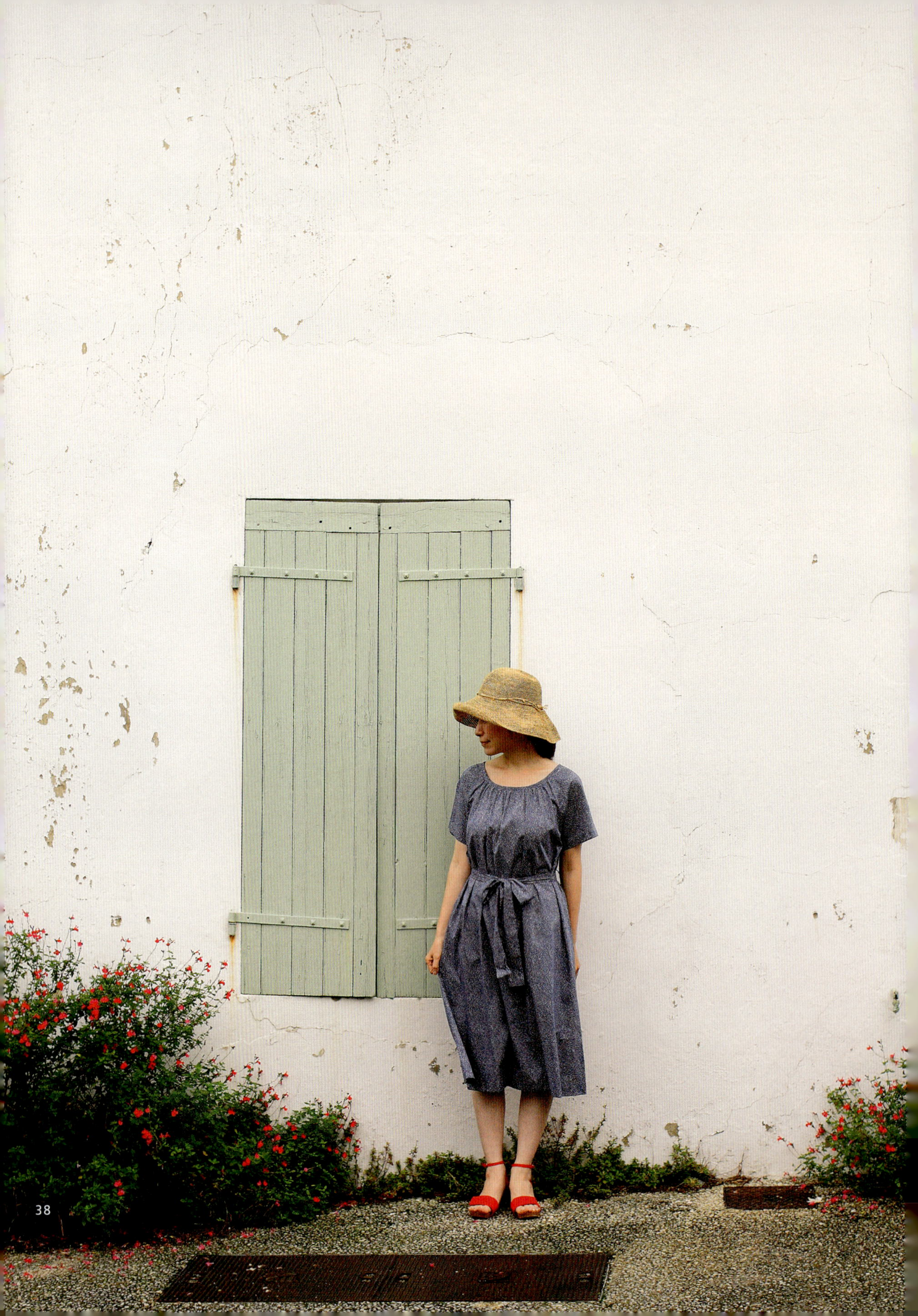

16
水玉模様のワンピース
Robe à pois

胸元にたっぷりのギャザーをとったワンピース。ウエストで結ぶ共布のリボンがアクセントになっています。
リバティプリントの小さなブルーの水玉柄に麦わら帽子。
海辺の街の小道には、サンダルと同じ赤い色の花が咲いていました。

作り方 → p.90

17
ギャザーワイドパンツ
Jupe-culotte

スカートのようなシルエットのワイドパンツをリネンとコットンで織った柔らかいダンガリーで作りました。
ウエストはゴムなので着ていても楽ちん。
この日は手持ちのリネンの白いブラウスを合わせて涼しげにコーディネートしました。

作り方 → p.92

18
リネンガーゼのストール
Étole en gaze de lin

このストールを作ったリネンのブルーの千鳥格子は元々日本の帯を作る幅の狭い力織機で織ったもの。
着用前に何度も洗って肌触りをよくしました。
布のミミをそのまま使うので、とても簡単にストールを作ることができます。

作り方 → p.78

19
リバーシブルギャザーバッグ
Sac froncé

リネンとリバティプリントのリバーシブルバッグです。
リバティプリントはこの島にぴったりな港の絵を描いた柄を選びました。
ギャザーを入れているので見た目よりもたくさん入り、肩からかけることもできます。

作り方 → p.80

20
ちくちくブランケット
Couverture

こちらもリネンとリバティプリントのリバーシブルになったブランケット。
ちくちくとひと針ひと針手縫いで丁寧に仕上げました。室内のひざかけとして使ったり、
やさしい肌触りのリネンを使用しているので、赤ちゃんへのプレゼントとしても。

作り方 → p.81

Column 2　イル・ド・レ散歩

パリの人々の避暑地としても有名なイル・ド・レ。
町はとても洗練されていて、どこを見ても絵になる風景でした。
ここではそんな町の様子や、ちょっとしたイル・ド・レアドレスをご紹介します。

④ただ町の小道を散歩するだけでも楽しい時間。家々の窓を眺めていると、住んでいる人が2階の窓から手を振ってくれました。⑤町の時計台。

①ベージュの壁にグリーンの雨戸がかわいい家。②葡萄がなった壁もまるで絵画のようにきれいでした。③港には小さな船がいくつも並んでいました。

　夏にはバカンスで賑わうイル・ド・レも、他の季節は静かな佇まいを見せています。朝のマルシェで新鮮な野菜やチーズ、めずらしい形をした果物を買い込み、この日ばかりはのんびりと過ごすことにしました。
　自分で作った新しい服のポケットに地図を入れ、海の匂いのする空気を胸一杯に吸い込んで歩きます。野の花が咲く小道の角を曲がるとかわいいジャムの店があり、おみやげに買い込みました。ガイドブックには載っていないアンティークのお店や雑貨店が見つかることも多く、ついついボタンやリボンなどソーイングに使えるものに目がとまってしまいます。お店の人とやりとりをしながらひとつひとつ集めたものは小さな宝物。手作りの小さな袋に入れて大切にトランクの中にしまいました。

⑥〜⑨⑮朝一のマルシェには鮮やかな色をした新鮮な野菜がいっぱい。お店の人はもちろん、買い物に来ていた町の人々も気軽に声をかけてくれました。

⑩⑪豊富な種類が揃うジャム店。
『Le jardin de Lydie』
23 place de l'Église 17580 Le Bois Plage en Ré
☎05・46・09・40・41

⑫〜⑭ひとやすみに入ったカフェ『La Maison Restaurant』。ケーキを注文するとこんなふうにスマイルの絵が。
3 route de la Couarde
17410 Saint Martin de Ré
☎05・16・85・27・42

45

part 3

お揃いのおしゃれな手作り服

「お揃いの服を作る」というのは手作りの醍醐味でもあります。子供の頃、幼なじみの友人のお母さんがとても器用で、いつも姉妹の洋服をお揃いで縫われていました。私の母は仕事を持っていたし、姉も妹もいなかったので「お姉ちゃんとお揃いの服を着る」というのは どんなに頑張っても叶えられない夢でした。うらやましくてうらやましくて、その友人が着ていたお姉さんと同じ洋服のデザインや色、柄まで今でも覚えているほどです。だからお客様がお揃いの洋服を作られているのを見るのは、私にとってはとてもうれしいこと。お子様には「こうやってお母さんがお揃いの洋服を作ってくれたこと、ずっと忘れないでね」と心の中でメッセージを送っています。この章では母と子のお揃いの服をご紹介していますが、布を替えたり、ワンピースとブラウスにしたり、「言われるまで気づかなかった」くらいのさりげないお揃い感を提案したいと思います。

47

21
AラインTシャツ 大人
T-shirt trapèze pour adultes

22
AラインTシャツ 子供
T-shirt trapèze pour enfants

動くたびに裾が揺れるフェミニンなAラインのTシャツ。
大人と子供、同じデザインで布を替えて作りました。
少し短めにしてかわいらしさを強調。色あせたジーンズを合わせてスタイリング完成です。

作り方 → p.94

23, 24
スモックワンピース　大人
スモックワンピース　子供
Robe sarrau

スモックワンピースはとても着心地がいい一着。
きちんと見えるように胸のあき具合や袖の長さにこだわってデザインしました。大人用はやさしい肌触りのリネンで。
子供用は春らしい色のリバティプリントでお揃い感を出しました。

作り方 → p.96

ストライプの布に刺繍が施された布で作り替えてみました。

こちらは連続した模様のレースの布で。涼しい一着になりそうです。

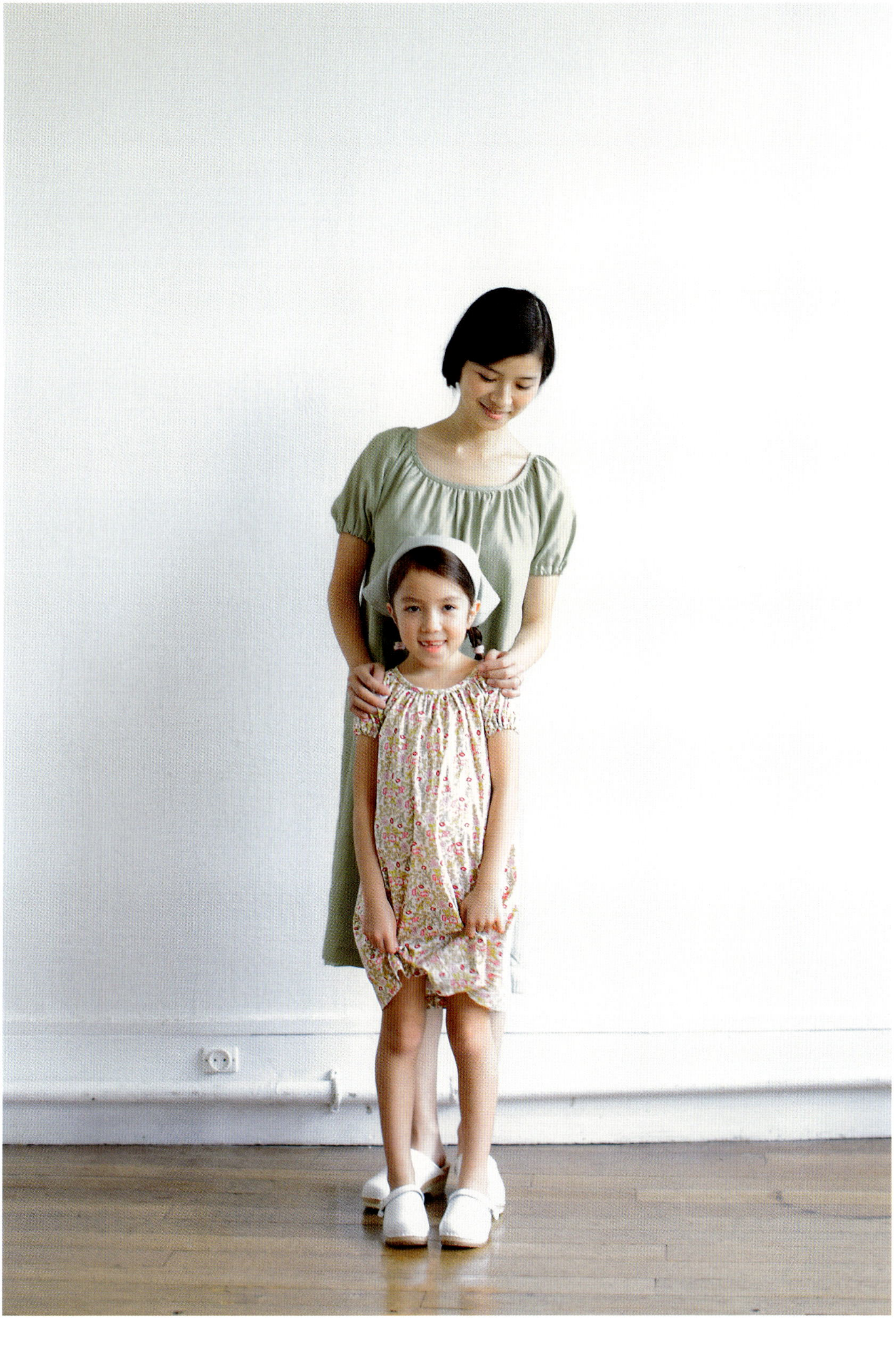

25
あじさいのワンピース 大人
Robe couleur hortensia pour adultes

26
あじさいのワンピース 子供
Robe couleur hortensia pour enfants

胸元の切り替えの脇の部分にギャザーを少し加えました。
一見シンプルなワンピースのようで実はディテールにこだわった一枚。
大人はあじさいのような色のリネンで。子供は黒のギンガムチェックで。

作り方 → p.98

27
カシュクールブラウス 大人
Blouse cache-cœur pour adultes

少しハイウエストになったカシュクールブラウス。
ウエストの切り替えにはギャザーをたっぷりとり、大人のかわいらしさを演出しています。
透け感のあるきれいなマスタードカラーの布で。

作り方 → p.102

28
カシュクールワンピース 子供
Robe cache-cœur pour enfants

子供用はワンピースに。使用したリバティプリントには小さなひまわり模様が描かれています。
シンプルなデザインなので無地のリネンや小さなギンガムチェックなどで布を替えて作っても。
小さな手でカシュクールのリボンを結ぶ動作も愛らしい。

作り方 → p.102

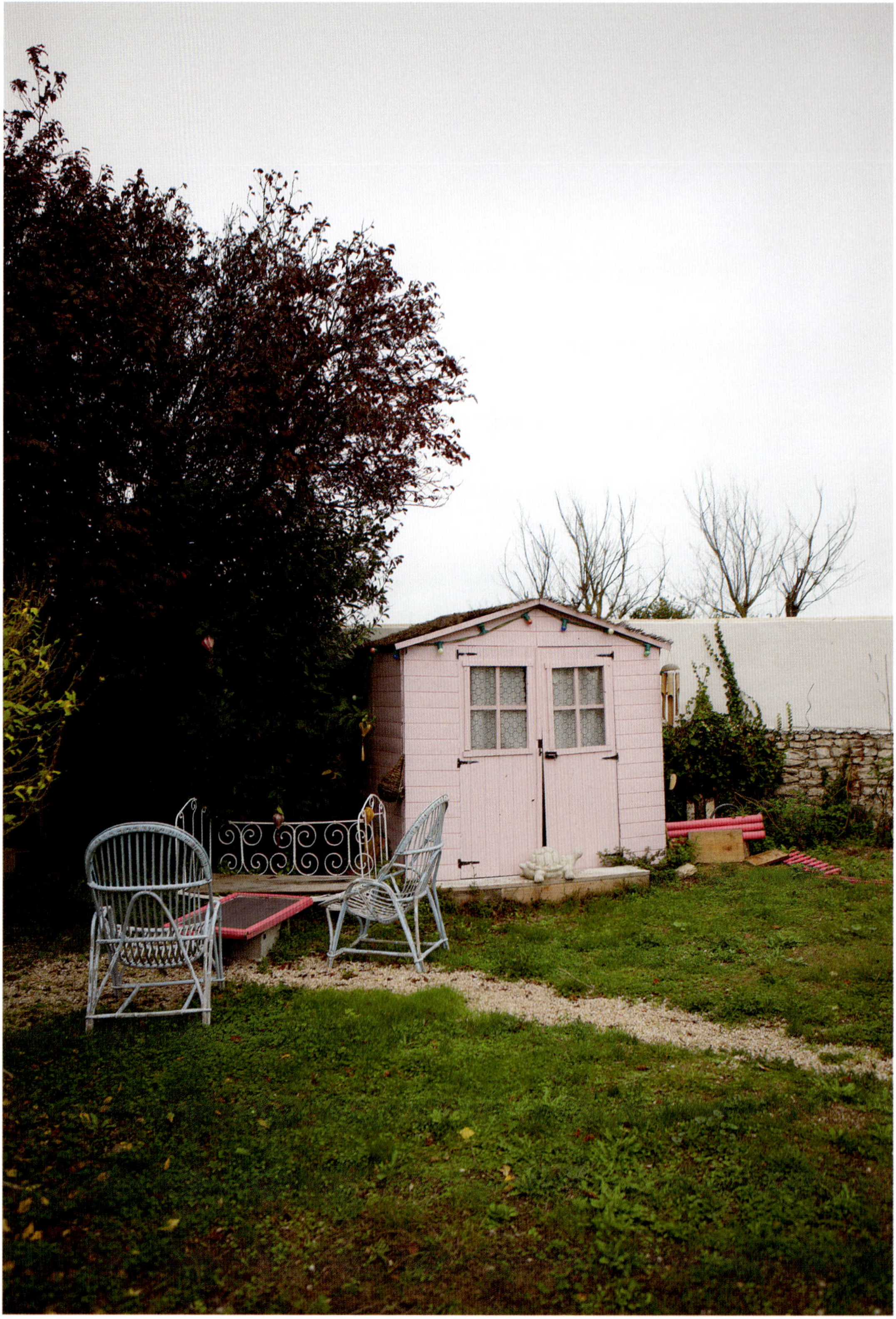

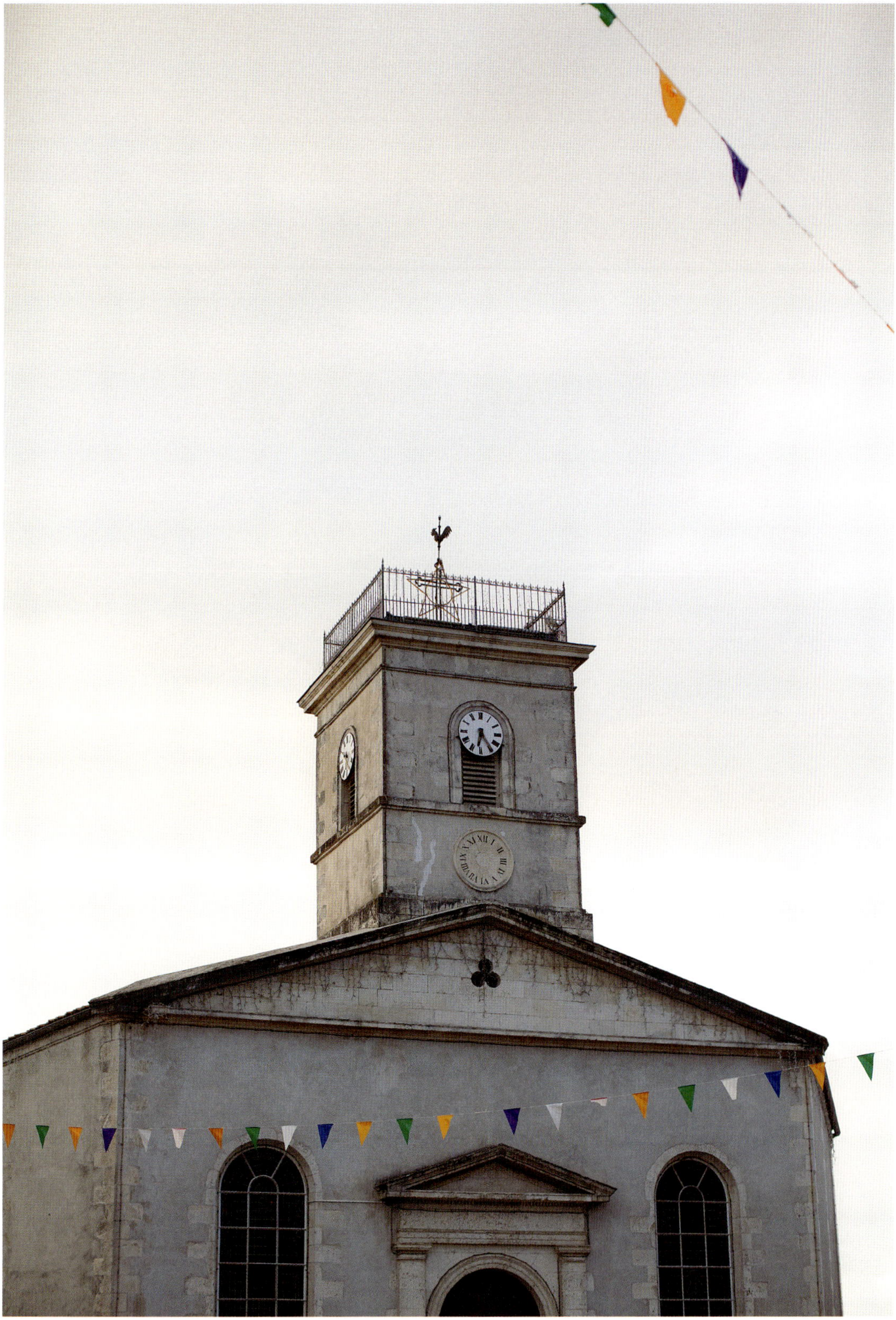

Column **3** ブラウスを簡単アレンジ

ちょっとした工夫をプラスしたり、生地を替えて自分だけのオリジナルを
作ることができるのは手作りならでは。ここでは、簡単なブラウスのアレンジと
それに合うコーディネートをご紹介します。ぜひヒントにしてみてください。

29
タックブラウスを
チュニックに

2ジャスミンのブラウス (p.12) の丈を長くしてチュニックにしました。
上品な風合いと光沢感のある高密度の布"C&Sおめかしコットン"を使用し、きれいめな印象で仕上げました。
ジーンズと軽やかなサンダルのコーディネートで。

作り方 → p.68

30
ブラウジングブラウスの
ゴムをリボンに

13ブラウジングブラウス(p.32)のウエストゴムをリボンに替えて脇で結ぶだけで、ちょっぴりフェミニンな印象に。
明るいグリーンのギンガムチェックのブラウスには
かごバッグを合わせて、白いパンツとフラットシューズで夏らしく。

作り方 → p.84

この本で使った布たち

どの布も古くからの日本の技術を使って作られたものばかり。布として見た時よりも作品になった時に、着る人をきれいに見せてくれるような布。落ち感や透け感などにこだわり作品自体が映える布、そんな布を作りたいと日々思っています。

p.10
1
コットンリネン
ボイルワッシャー
ネイビー

和歌山の工場にある特殊な機械で生地を揉み込み、洋服のギャザーがきれいに入るような軽やかな風合いを出しました。コットンのやさしい肌触りと、リネンの涼しさを兼ね備えた縫いやすい布です。

p.12
2
C&S海のブロード
ホワイト

単なるブロードとは一線を画したCHECK&STRIPEオリジナルのブロード。浜松で高密度に織り、洗いをかけ、シンプルだけれど存在感のある布に仕上げています。シャツやブラウスに最適。

p.14
3
C&Sハーフリネン voyage
ブルー

浜松で織り、岡山で染めたインディゴのような淡いブルーのハーフリネン。旅をイメージして作りました。横糸にぎっしりとリネン糸を使って張りを出し、縦糸はコットンの双糸で柔らかさを出しました。

p.16
4
C&Sピュアリネンガーゼ
木いちご

洋服にした時に重すぎないように25番手のリネンの強撚糸を使って織ったガーゼ。滑脱がないように工夫して織りました。ナチュラルで上品なしわ感が出るようワッシャー加工を施しています。

p.18
5
C&Sフレンチフライス
ベリー

厳選された綿のみを使用した30番手のコーマ糸をCHECK&STRIPEならではの色にこだわって編んだ両面組織のフライス。伸縮性があるのでタートルやあきのないTシャツなどにも使えます。

p.18
6
C&Sスパンフライス
ベリー

スパン入りのフライスで非常にキックバックがよく、特に衿ぐりや袖ぐりに利用されます。50番の糸を使用して薄手のフライスに編んでいるため幾重に重ねても縫いやすく、きれいに仕上がります。

p.18
7
C&Sフライス みずたま
杢グレーに白

ナチュラルな杢グレーの糸で編んだやさしい肌触りのフライス。抜染プリントで水玉模様にした布です。色を抜く方式のプリントなので、ソフトな生地感を損なうことなく仕上がっています。

p.19
8
C&Sフライス 大きなドット
ブルー

上質な綿のみを使用し、コーマ糸で編んだソフトなフライス。糸本来の天然の色を損なうことなく仕上げ、生成りにカラフルで大きなドットをプリントした柄は子供の元気さを引き出します。

p.19
9
C&Sスパンフライス
きなり

6の色違い。袖ぐりや衿ぐりに使われることの多いスパンフライスですが、特にこの色はいろいろなものに合わせやすく、ボーダー柄などもこのきなりの色を使ってあることが多いので重宝します。

p.19
10
C&Sそばかすナチュラルボーダー
きなり×ターコイズ

太番手のスラブ糸で編んだボーダー天竺。ランダムに太い部分と細い部分が出るように紡がれた糸で編み、意識的に表面に凹凸感を出しました。カジュアル感があり男の子にもおすすめの布です。

p.19
11
C&Sそばかすナチュラル無地
きなり

太い部分と細い部分が出るスラブ糸で編んだ天竺。表面にフシが出て、懐かしい雰囲気が出ているこの布は、この本の作品のように他の天竺と合わせ脇役として使ったり、主役としても使うことができます。

p.20
12
C&Sフレンチコーデュロイ
ソイラテ
今では冬の定番になったフレンチコーデュロイ。柔らかい風合い、縫いやすさにこだわっています。浜松の小さな工場で染め、最後にC&S独自の仕上げ加工を行っています。

p.20
13
C&Sフレンチコーデュロイ
ラベンデューラ
12の色違い。ラベンダー色にスモークをかけたような、シックでフランスっぽい色のコーデュロイ。日本人の肌にも合うように工夫して染めた、大人にも子供にも使いやすい色です。

p.22
14
カシミア×リネン
グレー
横糸に細番手のトップ染めのカシミア糸、縦糸は染めていない上質なリネン糸で織り上げています。カシミアの暖かさとさらっとしたリネンの質感と透明感で一年を通して愛される素材です。

p.23
15
C&Sカシミアニット
オフ×杢グレー
ふんわりと仕上がるように、カシミアの糸にこだわり愛知の尾州で編んだニット。国内でカシミア100％のカシミアニットを編める工場は貴重。冬にはやさしく体を暖めてくれるカジュアルなニットです。

p.24
16
リバティプリント
ロビン マルチ系
2006年春夏の発表柄。カラフルな旗が舞う縁日、夏祭りをテーマにデザインされました。縁日の明るい雰囲気が伝わってくるような柄。男の子にもぴったりの元気なプリントです。

p.24
17
リバティプリント
プライベート ビュー ピンク系
2004年春夏に登場したシュールでユーモラスな柄。リバティプリントでは珍しく、人がモチーフとなった柄ですが、繊細なプリントによる細かな表情はリバティプリントらしさが垣間見えます。

p.24
18
C&S星の綿麻
白にゴールド
綿と麻を混ぜることで糸にやさしい膨らみが生まれ、その糸で織り上げられたこの生地に、星の模様をプリントしました。適度な張りと、ふわりとした軽さ、穏やかな透け感が魅力の生地です。

p.24
19
リバティプリント
ジョリー カラフル系
2005年春夏発表のコレクションのひとつ。回転しているタイヤの跡をモチーフに描かれました。はっきりした色合いのこの柄は、洋服にしてもとても映えて華やかな印象を与えてくれます。

p.24
20
C&S洗いざらしのリネン細ボーダー
グリーン
リネンの60番単糸で糸染めと製織を行った布。極細のボーダーでワッシャー加工を施し、ナチュラル感を出しています。細かいボーダーは無地感覚で使え、さわやかな印象を与えてくれます。

p.24
21
C&Sダブルガーゼ パネルボーダー
ネイビー
洗い加工による独特の風合いと柔らかさが特徴のダブルガーゼです。ネイビーの糸をボーダーに織り込み、生成りの部分を大きく作ることで、パネル部分を工夫して使うことのできる布。

p.25
22
C&Sギンガムチェック
マスカット
細番手の80番単糸でわざとゆるく織った涼しげで使いやすい布。軽くて透け感もあり、洋服にしても柔らかく自然な表情が出ます。子供にもおすすめの、肌触りのよいギンガムチェックです。

p.30
23
C&Sコットントゥジュー
チャコールグレー
強度が高いコーマ糸の双糸を平織りで織り、生地に含まれる油分等を完全に取り除き、さらにワッシャー加工を施して自然なしわ感に仕上げました。パンツやジャケットにも最適な布。

61

※布名のC&SとはCHECK&STRIPEオリジナルの略です。

p.32	24 ウールガーゼ ライトグレー
	表情に深みを持たせるため、羊毛の塊状態で染めた糸をあまり撚ってふんわりと空気を含ませながら織った薄手のウールガーゼ。最後にタンブラー加工を施し、ソフトな風合いに仕上げています。

p.40	30 C&Sリネン混ダンガリーソフト シックブルー
	縦糸にコットン、横糸にハーフリネンの糸を使い、麻のシャリ感を残したCHECK&STRIPEではロングセラーのダンガリー。この本の作品を作るために、洗い加工を施してしなやかさを出しました。

p.34	25 C&SナチュラルコットンHOLIDAY ブルー
	浜松で織った生機をそのまま岡山で染め、独特の表面感を出しています。密度が高いため一度染めてから再度本染めをして、2度の手間をかけて発色のよさを出しています。パンツに最適な布。

p.41	31 C&Sリネンガーゼ 千鳥格子
	元々は帯など絹織物に使う幅の狭い力織機で織った手作り感のある布。浜松市にほど近い田舎の町の小さな機屋さんでストール用に狭い幅で織っていただきました。両ミミをそのまま使える布です。

p.34	26 C&Sコットンダブルワッシャー無地 ピンク
	シャリ感のある強撚の平織りコットンガーゼ。生機で一反染めすることにより鮮やかな色合い、凹凸感を強調することができます。織りは浜松、染めは岡山で。ストールにたっぷりと使いたい布。

p.42	32 リネンツイル ベージュ
	リネン糸の中で洋服にできうる、できるだけ太い糸を使い、綾織りで織りました。ボリューム感とソフト感を兼ね備え、幅広なので使い勝手がよく、作家さんなどからも人気のあるリネンです。

p.37	27 ナチュラルコットンダブルガーゼ ホワイト
	細番手で製織したダブルガーゼ。ガーゼのような質感ではなくさらっとした肌触りが特徴。密度を詰めて織っているので、縫いやすく、スカートやブラウス、ワンピースなどに活躍します。

p.42	33 リバティプリント クールコースト マスタード系
	英国人アーティスト、サイモンハートとのコラボによって生まれた柄。フィッシング・ボートや港といったモチーフを英国の南西の街、コーンウォールへの冬の旅とからめて、題材にしています。

p.37	28 C&S織りのボーダー ブルー
	平織りと綾織り、交互に織ることにより、しわ感と凹凸感を出したボーダー。新潟の亀田地区の小さな機屋さんで織っています。ストライプ生地として使うこともできるコットン素材の布。

p.43	34 C&Sピュアリネンガーゼ ベージュ
	4の色違い。ナチュラルなリネンの色です。この本の作品のように、リバティプリントなどカラフルな色柄のあるものにも合わせやすい色なので、小物にも洋服にも使いやすく重宝します。

p.38	29 リバティプリント フェントン ブルー
	1981年にシルクデシンにプリントされた、リバティプリントには珍しいドット柄を復刻しました。ドットの大きさや配置の繊細さは他にはなく、大人のシンプルな洋服に使えるリバティプリントです。

p.43	35 リバティプリント ベッツィー ピンク系
	1933年にデザインされ、1982年にクラシックレンジに登録された、リバティプリントを代表する人気柄。だれがデザインしたのかは不明で、残っている手がかりはD.Sというイニシャルだけだそうです。

p.48

36
C&Sシンプル天竺無地
ホワイト

40番手のコーマ糸の双糸を和歌山で編んだ斜行の少ないオーソドックスな天竺。テンションが少ないので、縫いやすいのが特徴です。シンプルな分、余計に質のよさにこだわって作っています。

p.52

42
C&Sやさしいリネン
ラベンデューラ

40の色違い。グレーがかったラベンダー色に染めました。あじさいを思わせるようなシックな色合いです。この本でもあじさいをイメージする洋服に使いました。ギャザー使いで色に深みが出ます。

p.49

37
C&Sシンプル天竺ボーダー
ホワイト×ブルー

36のボーダー版。シンプルな配色のボーダー柄でカジュアル感を出しています。はっきりとした明るいブルーと真っ白のボーダーは日焼けした肌にも似合いそう。元気な子供にもおすすめの布です。

p.53

43
C&S100そうギンガムチェック
黒

文字通り極細100番手の双糸で織った、ソフトでしなやかで光沢のあるギンガムチェック。シンプルで質のよいこのような布を、お客様にぜひ手に取っていただきたいと思って作りました。

p.50

38
C&S海のストライプのレース
ミルキーウェイ

海の色のストライプに少ししわ感を持たせた布。西脇市で織り上げ、その後石川県で天の川のような刺繍を施しました。縦方向ラインの素朴なコットンの刺繍は、着る人をきれいに見せてくれます。

p.54

44
C&Sドットミニヨン 小
マスタード

マスタード色に糸を染めて織った薄手のローン。同色の太番手の双糸の糸を部分的に織り込んだ後、余分な糸をカットし、洗い加工でドット状に仕上げた少し透け感のある贅沢な布です。

p.50

39
C&S綿麻レース プチロンド
ホワイト

綿麻の柔らかい生地に北陸の小さな工場で刺繍を施しました。小さな丸い模様が輪舞曲のように繋がり、花のような模様が生まれました。刺繍を細かくし、あまり透けないように工夫しました。

p.55

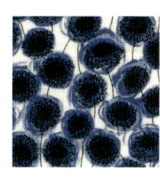

45
リバティプリント
ザンジー サンビーム ネイビー系

2013年春夏コレクションの新柄。イギリスのトレスコ島の小高い丘から一面のひまわり畑を見下ろした風景をスケッチしたこの柄は、色がとてもはっきりと表現され、着る人のかわいさを引き立てます。

p.51

40
C&Sやさしいリネン
ミンティー

お客様のアンケートで人気No.1の布。細番手のリネン糸を密度にこだわり、リネンの張り感を残しつつ、柔らかな肌触りを大切に織りました。ギャザーたっぷりの洋服もきれいに作れ、色も豊富なリネン。

p.58

46
C&Sおめかしコットン
ネイビー

糸表面の細かい毛羽立ちが少ないコンパクトヤーンの80番手双糸を使った高密度の綾織り生地。兵庫県西脇市で織りました。上品な風合いと光沢感があり、糸の色がはっきり出るのも特徴です。

p.51

41
リバティプリント
ウォーカー ピンク系

過去の秘蔵デザインの発掘を目的に発表されたコレクションのひとつ。オリジナルは1937年にプリント。テーマの通り、リバティプリントの原点ともいえる繊細な表情の花柄が特徴。

p.59

47
C&Sコットンパピエ
グリーン

コットンの中でも高級とされるスーピマ綿で、糸の毛羽を少なくしたコンパクトヤーンの細番手を使用し、高密度で製織。さらに洗い加工でカジュアル感を持たせ、ナチュラルなイメージに仕上げた布。

※布名のC&SとはCHECK&STRIPEオリジナルの略です。

CHECK & STRIPE SHOP

〈ONLINE SHOP〉　http://checkandstripe.com

CHECK&STRIPEは1999年から始まったONLINE SHOPで、布の通信販売をしています。
ONLINE SHOPだけでなく、ネットのSEWING LESSON、スタッフの着こなしのご紹介、お子さまの着こなしをご紹介する着こなしバンビーニ、
Facebook、Instagram（@check_stripe）などたくさんのコンテンツがあります。
オンラインで24時間お買い物をしていただけます。

〈REAL SHOP〉

神戸店

三宮センター街を少し南に入った場所にある小さな3階建ての建物。1階のショップでは布以外に、副資材やキットなども豊富に揃えています。2階ではソーイング教室や数々のワークショップを行い、お仕立ても承っています。3階ではイベントなども。

〒650-0021　兵庫県神戸市中央区三宮町2-6-14
TEL：078-381-8824（★ 通信販売は行っておりません）
営業時間10：00-19：00　無休（年末年始を除く）

自由が丘店

定番の布以外に、海外で見つけたボタンやアップリケなど豊富に揃えています。駅から3分という立地のよさで、幼稚園の送迎帰りのママやお仕事帰りの方もご利用くださっています。お子さまが遊べる小さなコーナーもあり、安心してお買い物していただけます。

〒152-0034　東京都目黒区緑が丘2-24-13-105
TEL：03-6421-3200（★ 通信販売は行っておりません）
営業時間10：00-19：00　無休（年末年始を除く）

workroom（自由が丘）

自由が丘店の向かいにある小さな自然光の入るスペース。ソーイングレッスンや縫い物などのほかに、キッチンも用意してお料理など様々なジャンルのワークショップ、イベントを開催しています。試着していただけるスペースもあり、お仕立ても承っています。

〒152-0035　東京都目黒区自由が丘1-3-11-106
TEL：03-6421-3200(自由が丘店共通)

fabric&things（芦屋）

芦屋川沿いにある絶好のロケーション。布だけでなく雑貨コーナーも充実しています。ワークショップを開講する地下のスペースは設備も整い、ゆったり広々。ソーイングや暮らしにまつわる本をセレクトしたブックコーナーもあります。週末はカフェも。

〒659-0094　兵庫県芦屋市松ノ内町4-8-102
TEL：0797-21-2323（★ 通信販売は行っておりません）
営業時間10：00-19：00無休（年末年始を除く）

吉祥寺店

雑貨屋さん、パン屋さんなどでにぎわう大正通りにあり、散歩がてら訪れるお客さまが多いです。フロアの片隅にあるソーイングルームにはミシンを4台備え、ソーイングのほか、お花のアレンジやアクセサリーのワークショップも開講。お仕立ても承っています。

〒180-0004　東京都武蔵野市吉祥寺本町2-31-1
TEL：0422-23-5161（★ 通信販売は行っておりません）
営業時間10：00-19：00　無休（年末年始を除く）

little shop（鎌倉）

鶴岡八幡宮から由比ガ浜に抜ける若宮大路沿いにある小さな店。店は小さいですが、反物を置く什器が2段になっていて、たくさんの種類のリネンやリバティプリントを用意しています。じっくり布を選んでいただけるような体制をとっています。

〒248-0014　神奈川県鎌倉市由比ガ浜2-16-1
TEL：0467-50-0013（★ 通信販売は行っておりません）
営業時間10：00-18：30　無休（年末年始を除く）
★ 他の店舗と閉店時間が異なりますのでご注意くださいませ。

〈THE HANDWORKS〉　http://checkandstripe.com/thehandworks/

THE HANDWORKSでは、お好きな布をお店で選んでいただき、お気に入りのCHECK&STRIPEのデザインで、あなただけのお洋服をお作りします。
★ 既存のCHECK&STRIPEのパターンやCHECK&STRIPEの書籍のデザイン・サイズでのお仕立てとなります。
★ THE HANDWORKSは、神戸店、workroom（自由が丘）、吉祥寺店で承っております。受付日などの詳細は各店舗にお問い合わせください。

mode de réalisation
作り方

―――― 作りはじめる前に ――――

◎大人はレディースS・M・Lの3サイズ、子供は90・100・110・120・130・140cmの6サイズ展開です。

◎裁ち合わせ図は、すべてが大人がMサイズ、子供が110cmサイズの配置になっています。サイズが違うと、少し配置がずれるので注意して置いてください。

◎直線だけの小物やひも類は、作り方のページに製図が載っているので、それを見て型紙を作るか、または布に直接線を引いて裁つ、直裁ちをおすすめします。

◎フライスやニット地を縫う時は、ミシン針と糸はニット用のものをおすすめします。特に横地同士を縫い合わせる時は、トレーシングペーパーなど薄い紙を布の下に敷いてミシンをかけると、上手に縫えます。

◎作り方に記載しているジグザグミシンの処理は、ロックミシンでも可能です。

◎出来上がり寸法の着丈は、後ろ身頃のサイドネックポイント（衿ぐりと肩縫い目の交わる点）から裾まで測ったものです。

◎イラスト中の数字の単位はcmです。

大人レディースサイズ

	B（バスト）	W（ウエスト）	H（ヒップ）
Sサイズ	79	59	86
Mサイズ	83	64	90
Lサイズ	88	69	96

子供サイズ

	B（バスト）	W（ウエスト）	H（ヒップ）
90cm	50	47	54
100cm	54	49	57
110cm	58	51	60
120cm	62	53	64
130cm	66	55	68
140cm	70	57	72

※単位はすべてcm

1 ひとつボタンのブラウス 10 page

出来上がり寸法 ※左からS／M／Lサイズ
バスト…115／119／123cm
着丈…57／57.5／58.5cm
袖丈（衿ぐりから）…47.5／48／48.8cm

材料 ※左からS／M／Lサイズ
表布…コットンリネンボイルワッシャー（ネイビー）
　　105cm幅を170／170／180cm
ボタン…直径1cmを1個

〈裁ち合わせ図〉
※指定以外の縫い代は1cm
※衿ぐりバイアス布、ループ布、袖口バイアス布は
　図に示した寸法で裁つ

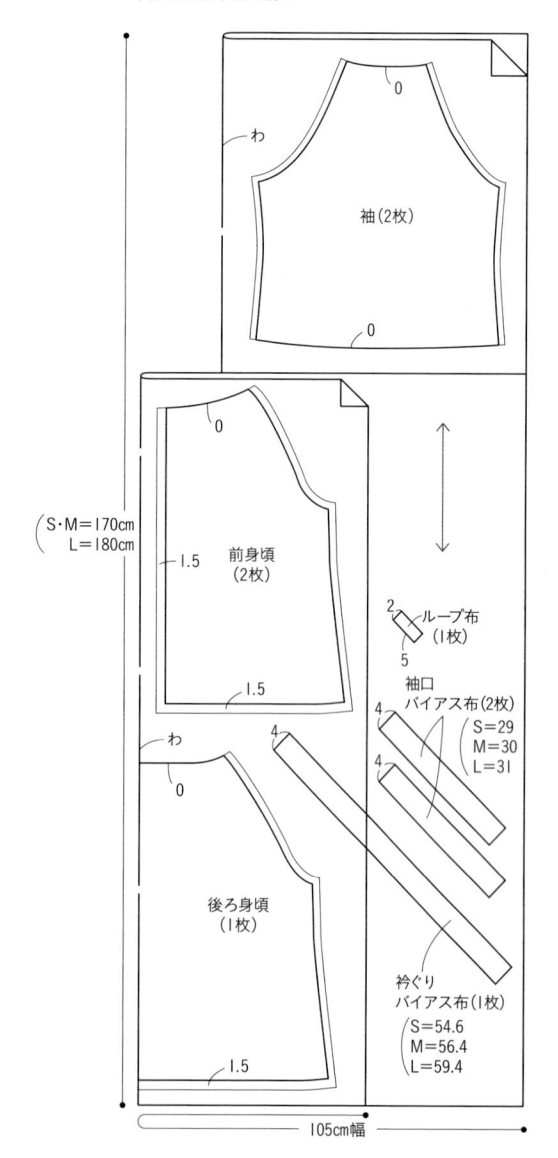

作り方

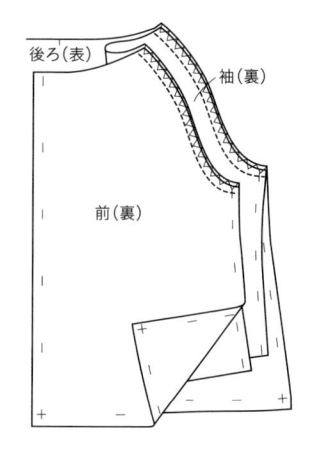

1
前後身頃と袖を中表に合わせて、袖ぐりを縫う。縫い代は2枚一緒にジグザグミシンをかけて、袖側に倒す。

2
前後身頃・袖を中表に合わせて、袖口〜裾までを縫う。縫い代は2枚一緒にジグザグミシンをかけて、後ろ側に倒す。

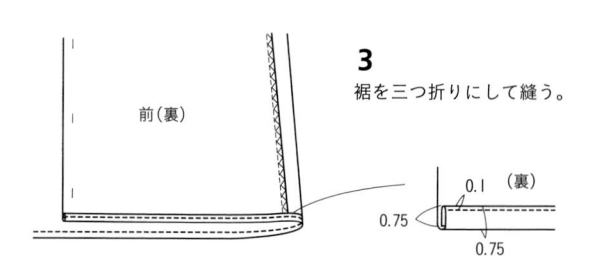

3
裾を三つ折りにして縫う。

4
前端を三つ折りにして縫う。

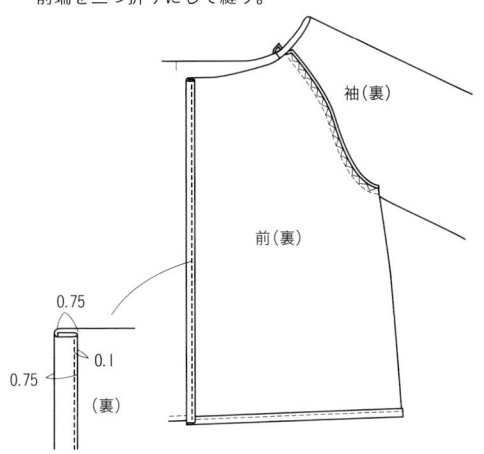

袖(裏)
前(裏)
0.75
0.1
0.75
(裏)

❸衿ぐりバイアス布を四つ折りにする。身頃の衿ぐりとバイアス布を中表に合わせて縫い、バイアス布をアイロンで起こす。

衿ぐりバイアス布(表)
(2)バイアス布をアイロンで起こす
バイアス布(裏)
(1)1縫う
1出す
1出す
前(表)

❹二つ折りにしたループを右前身頃にはさみながら、衿ぐりの布端をバイアス布でくるむ。

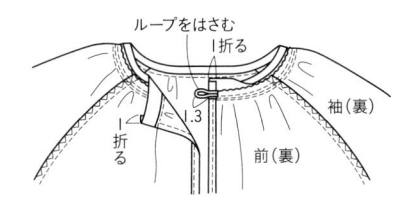

ループをはさむ
1折る
1.3
折る
袖(裏)
前(裏)

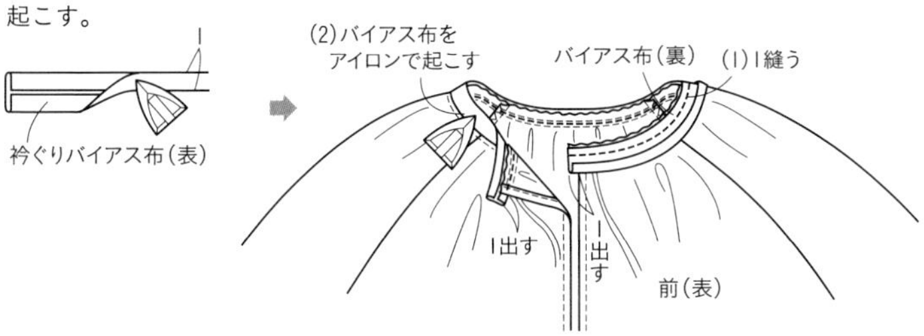

5
衿ぐりをバイアス布で始末する。

❶衿ぐりに粗い針目でミシンを2本かけて、ギャザーを寄せる。

S=8.7
M=9
L=9.5
に縮める

S=8.7
M=9
L=9.2
に縮める

後ろ中心
後ろ(裏)
袖(表)
0.4 0.8
ギャザー止まり

S=8.2
M=8.5
L=9
に縮める
前(表)

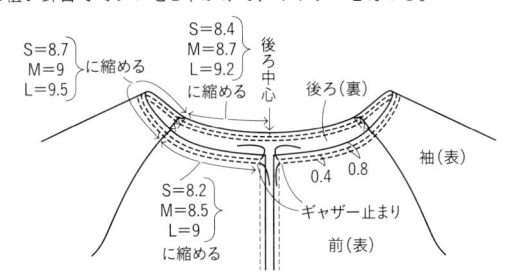

❷ループを作る。

ループ布を中表にして縫い、余分な縫い代をカット
返し口に糸を止める
ループ(裏)
0.3
わ
返し口は広めに縫う
(裏)

針穴のほうから中に通して糸を引き、表に返す
縫い目が内側に向くように、アイロンで形を整える
(表)
(表)

❺バイアス布をまつり、左前身頃にボタンをつける。

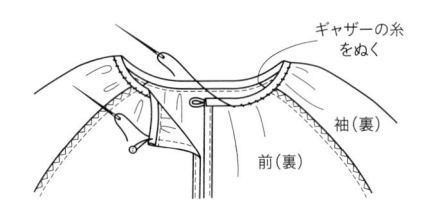

ギャザーの糸をぬく
袖(裏)
前(裏)

6
袖口をバイアス布で始末する。

❶袖口バイアス布を四つ折りにして、一旦広げる。中表に合わせて縫い、縫い代を割る。

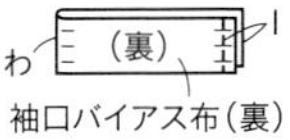

わ
(裏)
袖口バイアス布(裏)

❷袖口に粗い針目でミシンを2本かけて、ギャザーを寄せる。

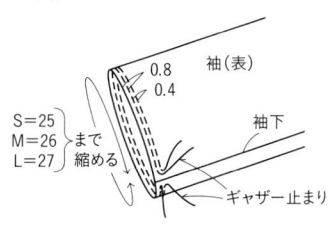

❸バイアス布の下端を1cm折り直し、袖口と中表に合わせて縫う。

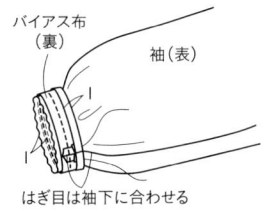

袖(表)
0.8
0.4
S=25
M=26
L=27
まで縮める
袖下
ギャザー止まり

バイアス布(裏)
袖(表)
はぎ目は袖下に合わせる

❹バイアス布をアイロンで起こし、袖口の布端をくるんでまつる。

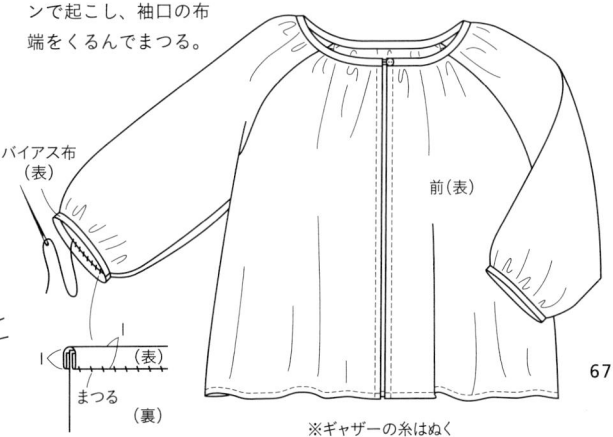

バイアス布(表)
前(表)

(表)
まつる
(裏)

※ギャザーの糸はぬく

2　ジャスミンのブラウス　12page
29　タックブラウスをチュニックに　58page

出来上がり寸法
※左からS／M／Lサイズ
バスト … 106／112／118cm
着丈 … 2＝65／65.5／67cm　29＝97／97.5／99cm
袖丈 … 33.5／34.5／35.5cm

材料　※左からS／M／Lサイズ
2の表布 … C&S海のブロード（ホワイト）
　　　　　110cm幅を215／215／225cm
29の表布 … C&Sおめかしコットン（ネイビー）
　　　　　110cm幅を275／285／295cm
接着芯 … タテ45cm×ヨコ50cm
ボタン … 直径1cmを9個

〔裁ち合わせ図〕
※指定以外の縫い代は1cm
※前ヨーク、袖口あき用バイアス布は、図に示した寸法で裁つ
※bの前後身頃の型紙はaの型紙に、図に示した寸法を足して作る
※□は接着芯を貼る位置

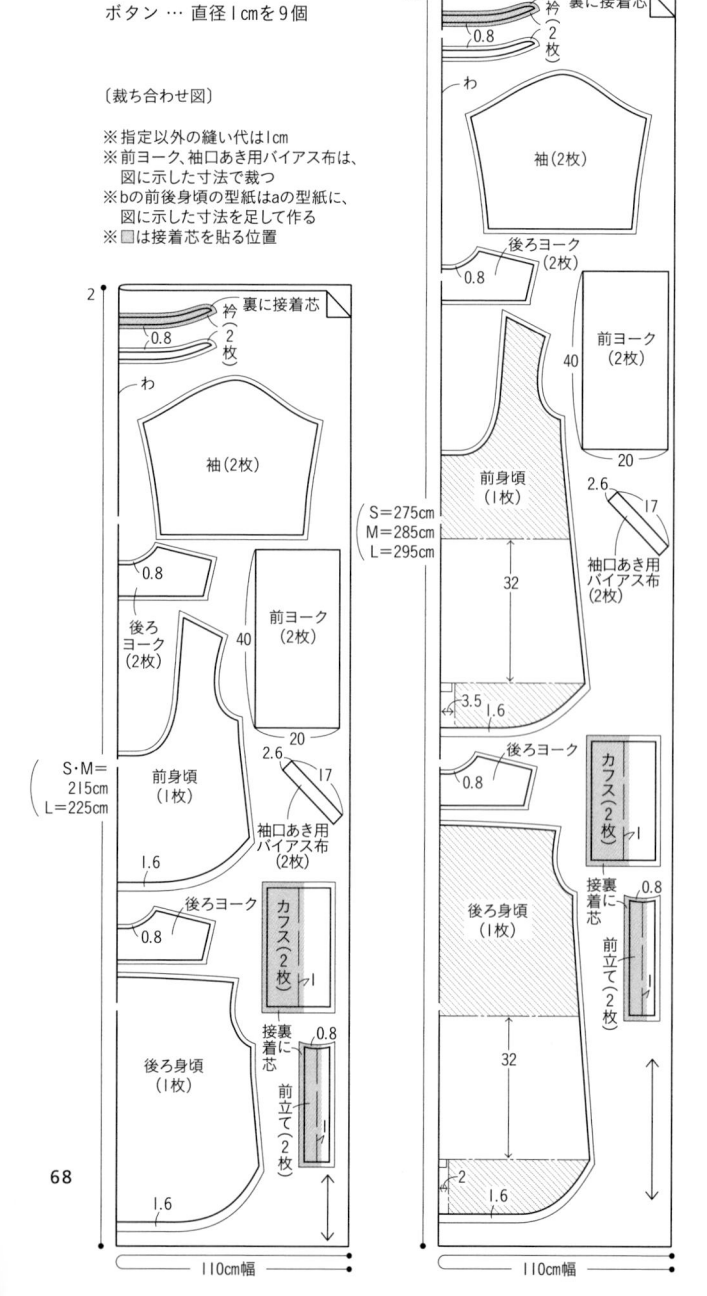

作り方

1
前ヨークのタックをたたんで縫い、衿ぐりは0.8cm、それ以外は1cmの縫い代をつけた型紙を重ねて裁つ。

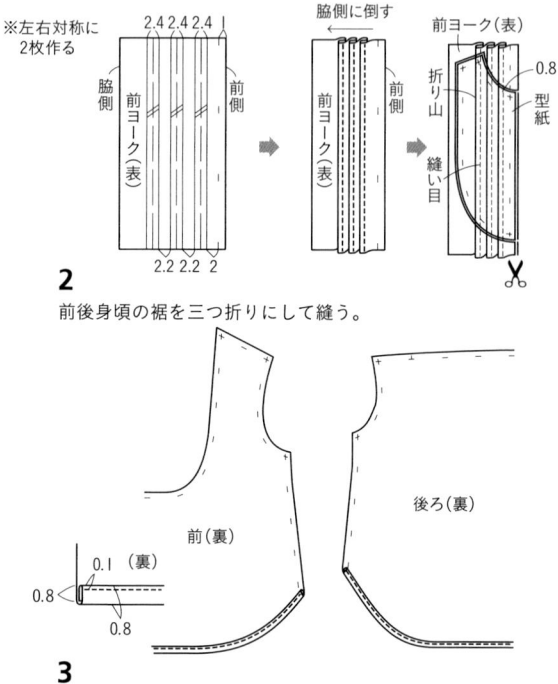

2
前後身頃の裾を三つ折りにして縫う。

3
前立ての裏に接着芯を貼る。前ヨークと中表に合わせて縫い、前立てを裏側に返して縫う。左右のヨークを出来上がりに重ねて、前ヨークの下端を仮止めする。

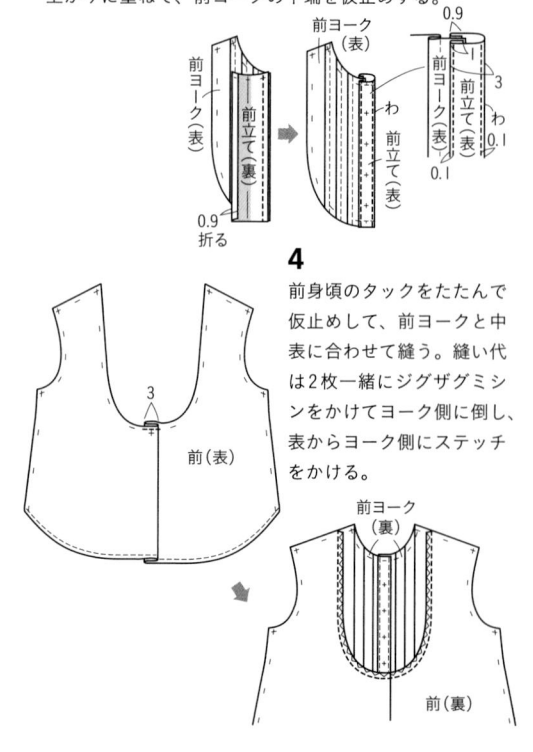

4
前身頃のタックをたたんで仮止めして、前ヨークと中表に合わせて縫う。縫い代は2枚一緒にジグザグミシンをかけてヨーク側に倒し、表からヨーク側にステッチをかける。

4 のつづき

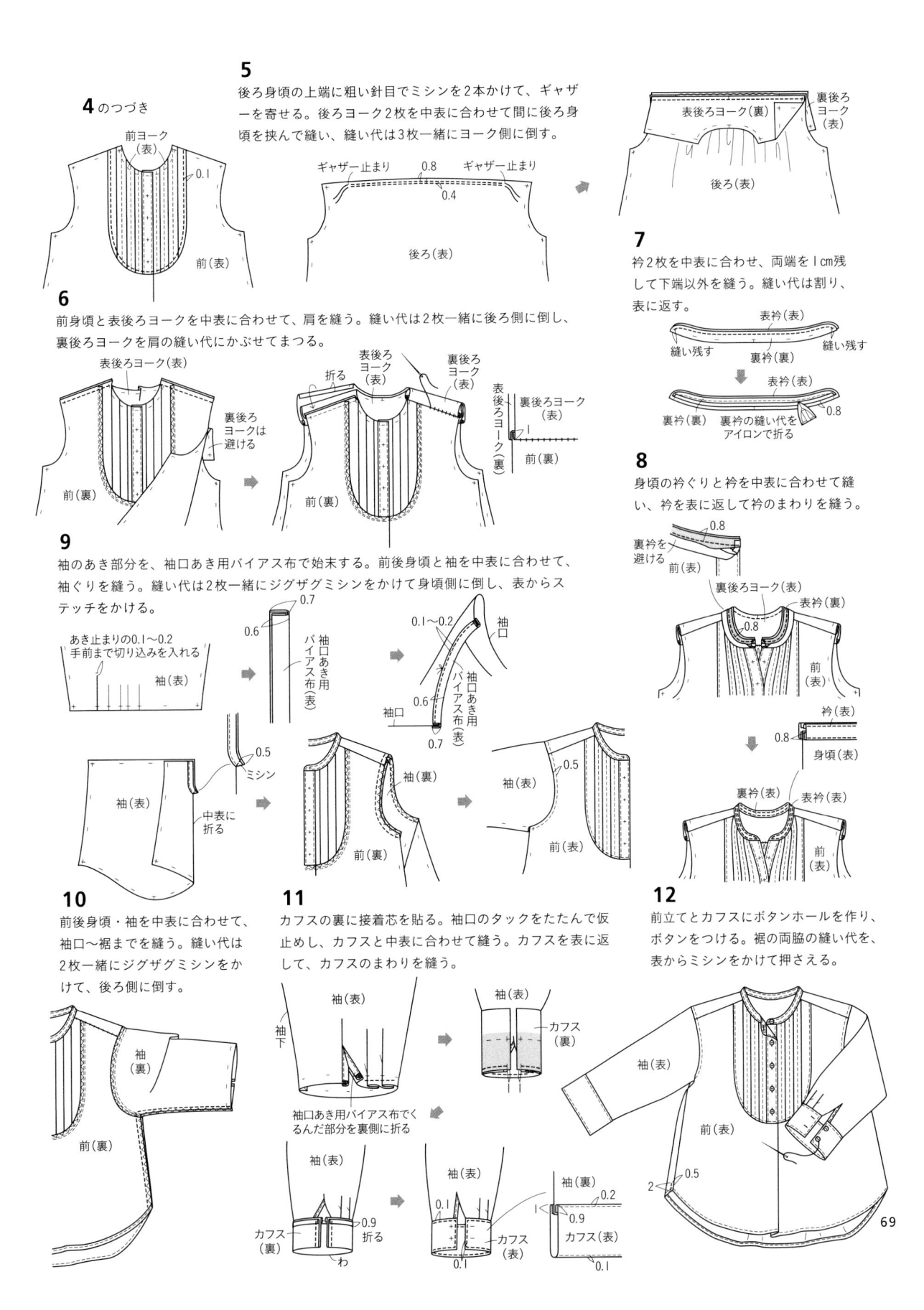

5
後ろ身頃の上端に粗い針目でミシンを2本かけて、ギャザーを寄せる。後ろヨーク2枚を中表に合わせて間に後ろ身頃を挟んで縫い、縫い代は3枚一緒にヨーク側に倒す。

6
前身頃と表後ろヨークを中表に合わせて、肩を縫う。縫い代は2枚一緒に後ろ側に倒し、裏後ろヨークを肩の縫い代にかぶせてまつる。

7
衿2枚を中表に合わせ、両端を1cm残して下端以外を縫う。縫い代は割り、表に返す。

8
身頃の衿ぐりと衿を中表に合わせて縫い、衿を表に返して衿のまわりを縫う。

9
袖のあき部分を、袖口あき用バイアス布で始末する。前後身頃と袖を中表に合わせて、袖ぐりを縫う。縫い代は2枚一緒にジグザグミシンをかけて身頃側に倒し、表からステッチをかける。

10
前後身頃・袖を中表に合わせて、袖口〜裾までを縫う。縫い代は2枚一緒にジグザグミシンをかけて、後ろ側に倒す。

11
カフスの裏に接着芯を貼る。袖口のタックをたたんで仮止めし、カフスと中表に合わせて縫う。カフスを表に返して、カフスのまわりを縫う。

12
前立てとカフスにボタンホールを作り、ボタンをつける。裾の両脇の縫い代を、表からミシンをかけて押さえる。

3 ローブブルー 14page

出来上がり寸法 ※左からS／M／Lサイズ
バスト…107／111／116cm
着丈…95／96.5／98cm
袖丈…27／27.5／28.5cm

材料 ※左からS／M／Lサイズ
表布…C&Sハーフリネンvoyage（ブルー）
　　　110cm幅を260／270／270cm
接着芯…90cm幅を60cm
伸び止め接着テープ…1cm幅を35cm
ボタン…直径1.3cmを1個

〔裁ち合わせ図〕
※指定以外の縫い代は1cm
※ひもは、図に示した寸法で裁つ
※□は接着芯、接着テープを貼る位置

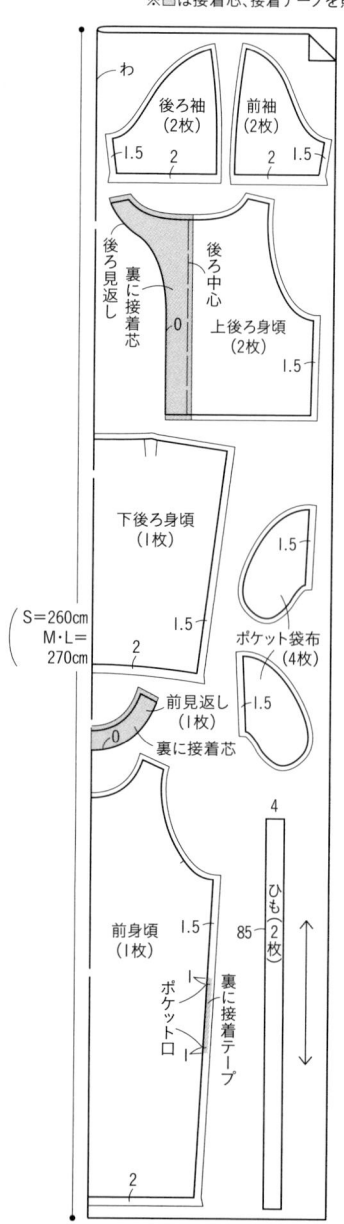

作り方

1
前後身頃を中表に合わせて、肩を縫う。縫い代は2枚一緒にジグザグミシンをかけて後ろ側に倒し、表から上後ろ側にステッチをかける。

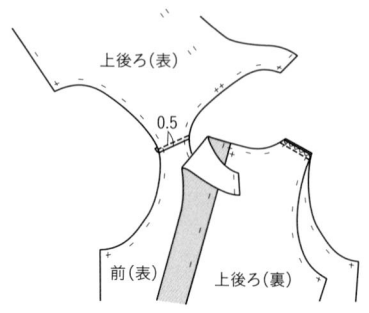

2
前後見返しを中表に合わせて、肩を縫う。縫い代は割り、見返し端にジグザグミシンをかける。

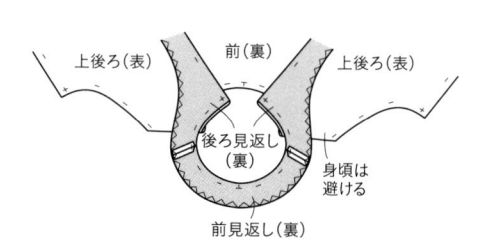

3
衿ぐりを見返しで縫い返し、あき部分を作る。

❶前後身頃と前後見返しを中表に合わせて、衿ぐりを縫う。縫い代は切り込みを入れて、割る。

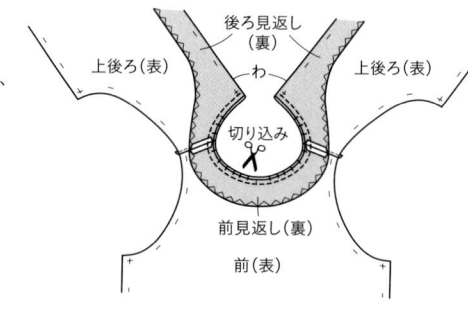

❷表に返し、右上後ろのあき止まりまでの後ろ端にステッチをかける。

❸後ろ中心を出来上がりに重ねる。表から右上後ろのあき止まり〜裾までを縫い、あき止まりに返し縫いをする。

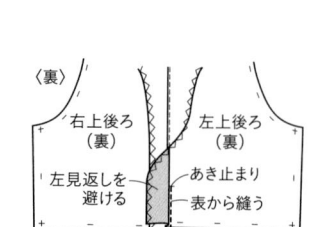

4
ひもを作る。下後ろ身頃のタックをたたみ、ひもをはさんで縫う。

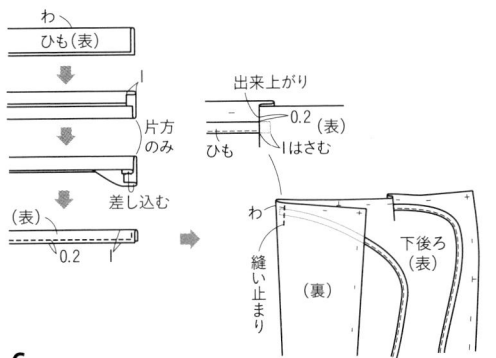

5
上後ろ身頃と下後ろ身頃を中表に合わせて、ウエストを縫う。縫い代は2枚一緒にジグザグミシンをかけて上側に倒し、表からステッチをかける。前後身頃の両脇にジグザグミシンをかける。

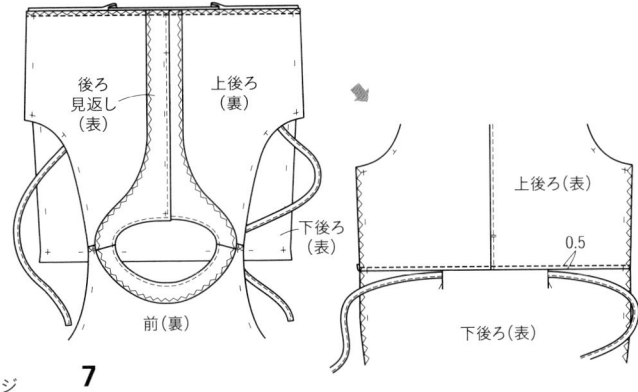

6
袖を作り、身頃につける。

❶前後袖を中表に合わせて、中心を縫う。縫い代は2枚一緒にジグザグミシンをかけて後ろ側に倒し、表からステッチをかける。袖口と袖下にはジグザグミシンをかける。

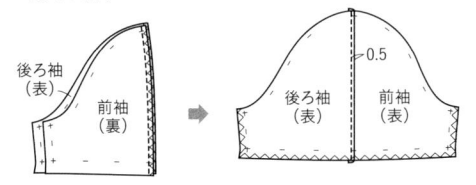

❷前後身頃と袖を中表に合わせて、袖ぐりを縫う。縫い代は2枚一緒にジグザグミシンをかけて身頃側に倒し、表からステッチをかける。

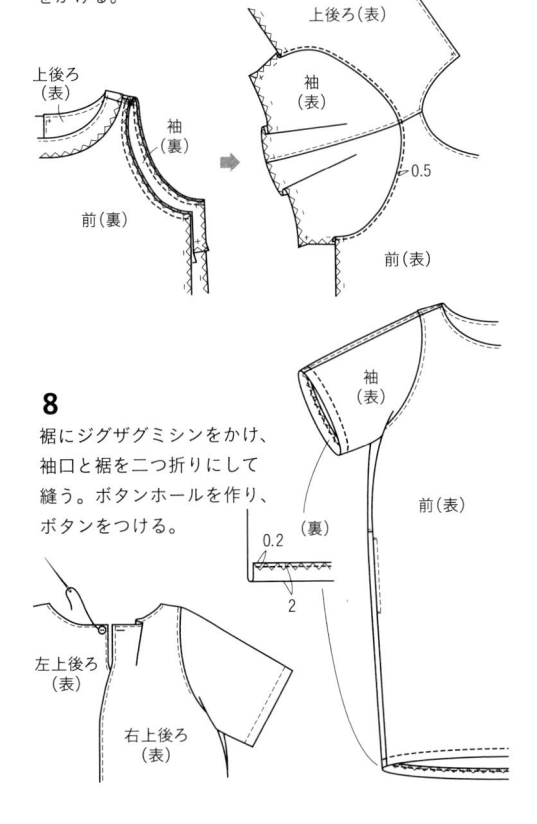

7
ポケットをつけながら、脇を縫う。

❶袋布のポケット口の縫い代にジグザグミシンをかけて、前後身頃の脇に袋布をつける。

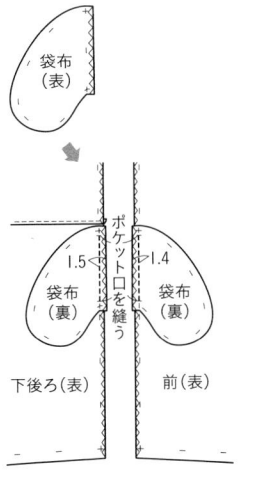

❷前後身頃・袖を中表に合わせる。袋布を避けながらポケット口を残して袖口〜裾までを縫い、縫い代は割る。

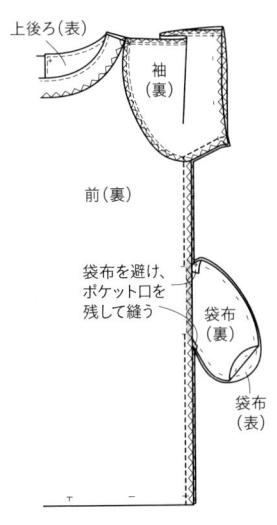

❸前身頃の表から、ポケット口を袋布まで通して縫う。

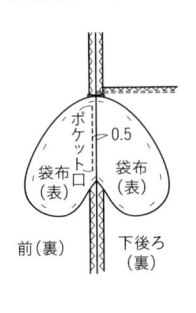

❹袋布のまわりを縫い、縫い代は2枚一緒にジグザグミシンをかける。表から、あき止まりに袋布まで通して返し縫いをする。

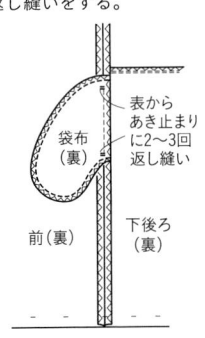

8
裾にジグザグミシンをかけ、袖口と裾を二つ折りにして縫う。ボタンホールを作り、ボタンをつける。

4　リネンガーゼのショップコート　16page

出来上がり寸法　※左からS／M／Lサイズ
バスト … 103／107／112cm
着丈 … 106.5／107／108cm
袖丈 … 32.5／33／34cm

〔裁ち合わせ図〕
※指定以外の縫い代は1cm
※衿ぐりバイアス布は、図に示した寸法で裁つ

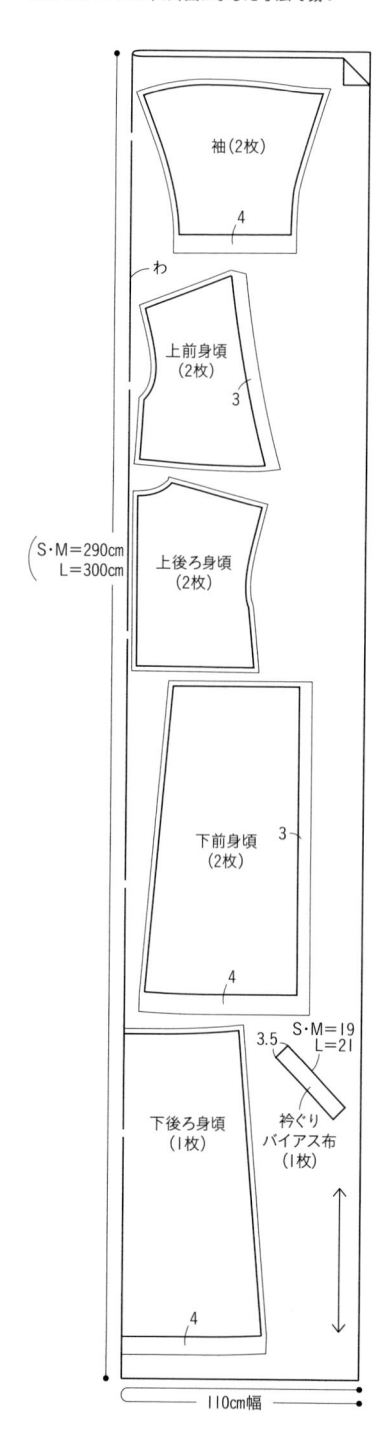

材料　※左からS／M／Lサイズ
表布 … C&Sピュアリネンガーゼ 木いちご
　　　110cm幅を290／290／300cm
ボタン … 直径1.5cmを1個

作り方

1
上後ろ身頃2枚を中表に合わせて、後ろ中心を縫う。縫い代は2枚一緒にジグザグミシンをかけて、右上後ろ身頃側に倒す。

2
表からステッチをかける。後ろ衿ぐりと衿ぐりバイアス布を中表に合わせて縫い、縫い代は割る。

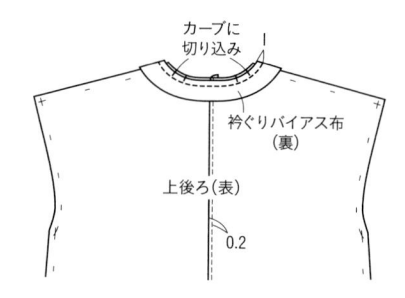

3
前後上身頃を中表に合わせて、肩を縫う。縫い代は2枚一緒にジグザグミシンをかけて、後ろ側に倒す。

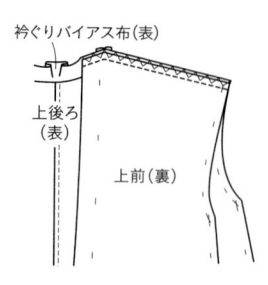

4
前後上身頃と袖を中表に合わせて、袖ぐりを縫う。袖山はややのばしながらつける。縫い代は2枚一緒にジグザグミシンをかけて、身頃側に倒す。

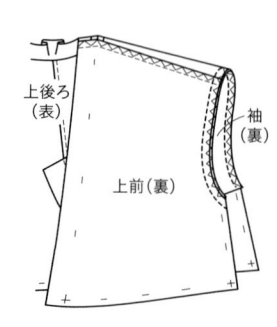

5
前後上身頃・袖を中表に合わせて、袖口〜脇までを縫う。縫い代は2枚一緒にジグザグミシンで始末して、後ろ側に倒す。

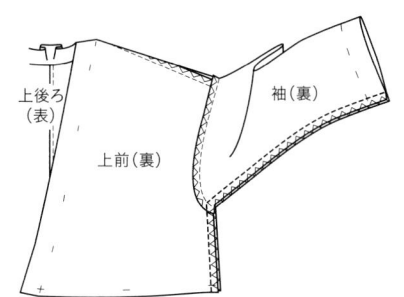

6
袖口を三つ折りにして縫う。

7
前後下身頃を中表に合わせて、脇を縫う。縫い代は2枚一緒にジグザグミシンをかけて、後ろ側に倒す。

8
上身頃と下身頃を中表に合わせて、ウエストを縫う。縫い代は2枚一緒にジグザグミシンをかけて、上側に倒す。

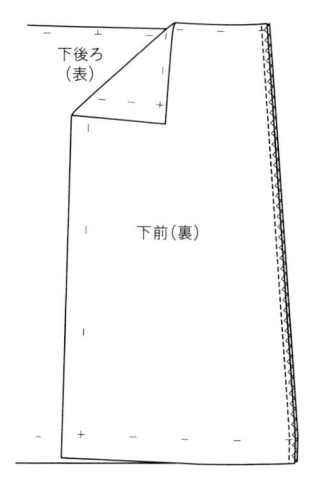

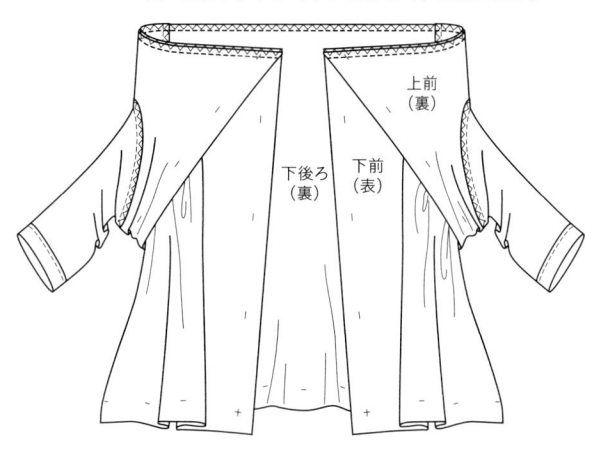

9
裾を三つ折りにして縫う。

10
前端〜衿ぐりを三つ折りにして縫う。糸ループを作り、ボタンをつける。

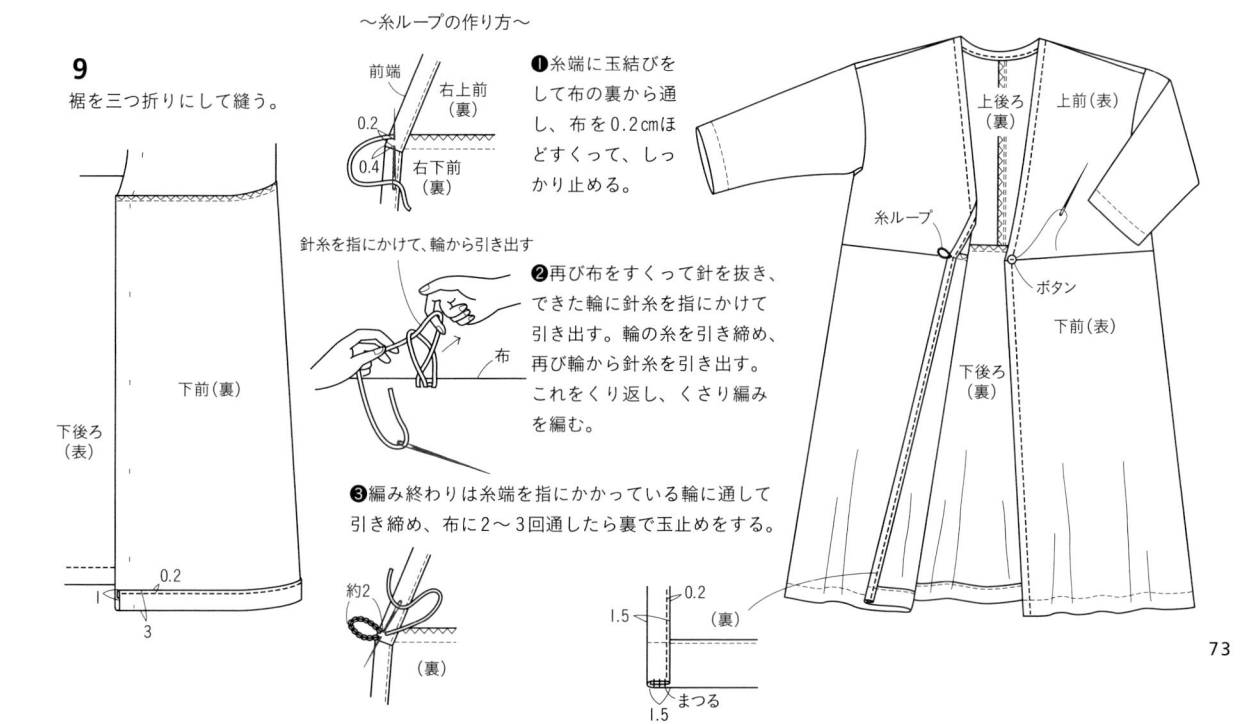

〜糸ループの作り方〜

❶糸端に玉結びをして布の裏から通し、布を0.2cmほどすくって、しっかり止める。

針糸を指にかけて、輪から引き出す

❷再び布をすくって針を抜き、できた輪に針糸を指にかけて引き出す。輪の糸を引き締め、再び輪から針糸を引き出す。これをくり返し、くさり編みを編む。

❸編み終わりは糸端を指にかかっている輪に通して引き締め、布に2〜3回通したら裏で玉止めをする。

5　子供カットソーワンピース パフ袖　18page
6　子供カットソーワンピース 普通袖　19page

出来上がり寸法
※左から90／100／110／120／130／140cmサイズ
バスト … 70／74／78／82／86／90cm
着丈 … 57／62／67.5／72.5／78／83cm
5 袖丈 … 16／17／17.8／19／20／21cm
6 袖丈 … 12／13／13.5／14／15／16cm

●5 材料　※左から90／100／110／120／130／140cmサイズ
a（モデル着用）の表布 …C&Sフレンチフライス（ベリー）
　　　　　　　　　165cm幅を90／100／100／110／110／120cm
　別布 … C&Sスパンフライス（ベリー）　90cm幅（45cmの筒状）を15cm
b（布違い）の表布 …C&Sフライス みずたま（杢グレーに白）
　　　　　　　　　165cm幅を90／100／100／110／110／120cm
ニット用伸び止め接着テープ…1cm幅を100cm
ニット用ミシン糸

●6 材料　※左から90／100／110／120／130／140cmサイズ
a（モデル着用）の表布 …C&Sフライス 大きなドット（ブルー）
　　　　　　　　　165cm幅を90／100／100／105／110／120cm
　別布 … C&Sスパンフライス（きなり）　90cm幅（45cmの筒状）を10cm
b（布違い）の表布 …C&Sそばかすナチュラルボーダー（きなり×ターコイズ）
　　　　　　　　　160cm幅を90／100／100／105／110／120cm
　別布 … C&Sそばかすナチュラル無地（きなり）　60cm幅を10cm
ニット用伸び止め接着テープ…1cm幅を40cm
ニット用ミシン糸

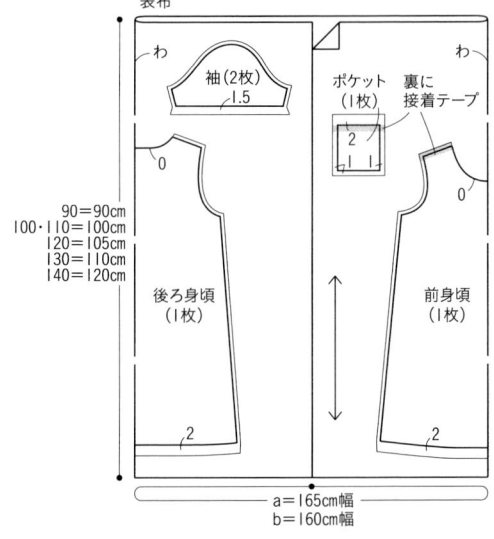

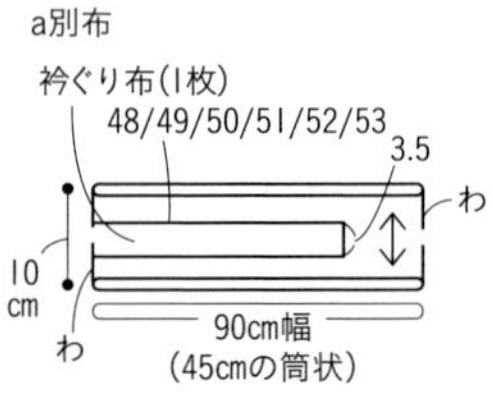

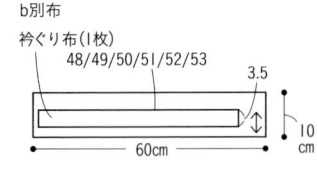

〔5の裁ち合わせ図〕
※指定以外の縫い代は0.7cm
※衿ぐり布、袖口布は図に示した寸法で裁つ
※衿ぐり布、袖口布の寸法は、左から90／100／110／120／130／140cmサイズ
※□は接着テープを貼る位置

〔6の裁ち合わせ図〕
※指定以外の縫い代は0.7cm
※衿ぐり布は図に示した寸法で裁つ
※衿ぐり布の寸法は、左から90／100／110／120／130／140cmサイズ
※□は接着テープを貼る位置

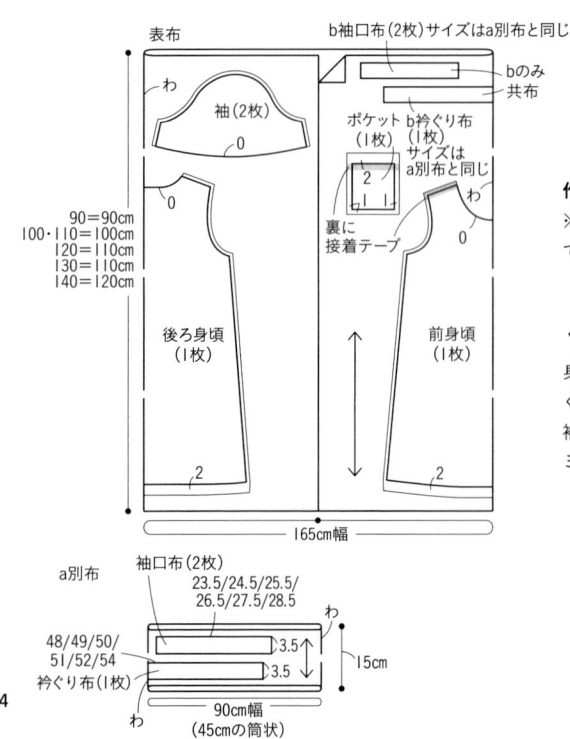

作り方
※布端の始末をする際、ロックミシンやジグザグミシンがない場合は捨てミシン（布端から0.2〜0.3cmを縫う）をかける。

1
身頃の裾、ポケット口、衿ぐり布（5は袖口布、6は袖口）の縫い代を、ロックミシンで始末する。

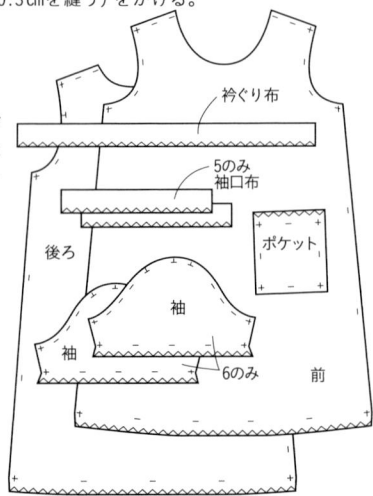

2
ポケットを作り、前身頃につける。

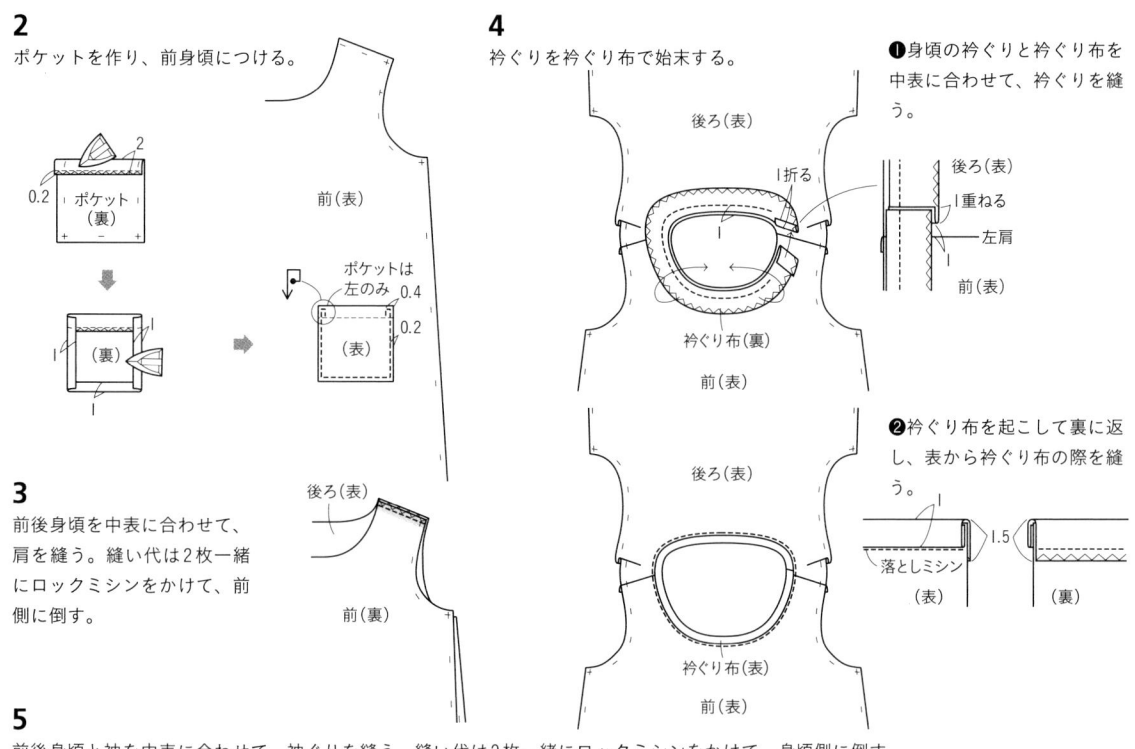

3
前後身頃を中表に合わせて、肩を縫う。縫い代は2枚一緒にロックミシンをかけて、前側に倒す。

4
衿ぐりを衿ぐり布で始末する。

❶身頃の衿ぐりと衿ぐり布を中表に合わせて、衿ぐりを縫う。

❷衿ぐり布を起こして裏に返し、表から衿ぐり布の際を縫う。

5
前後身頃と袖を中表に合わせて、袖ぐりを縫う。縫い代は2枚一緒にロックミシンをかけて、身頃側に倒す。

5／袖山と袖口に粗い針目のミシンを2本かけてギャザーを寄せる。

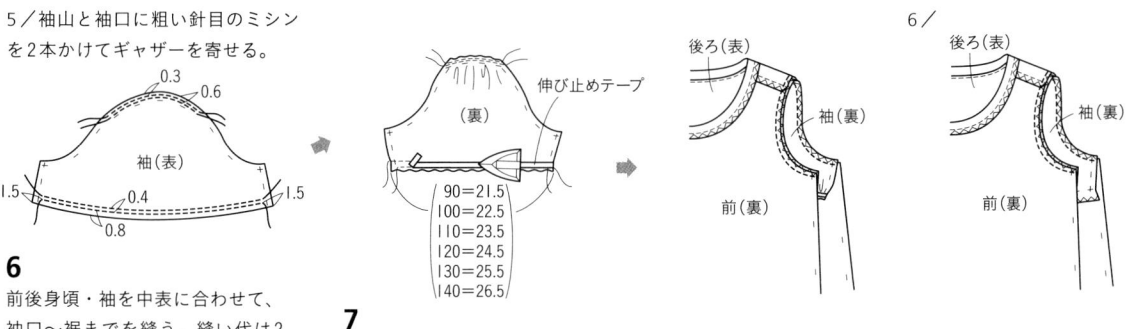

90＝21.5
100＝22.5
110＝23.5
120＝24.5
130＝25.5
140＝26.5

6
前後身頃・袖を中表に合わせて、袖口～裾までを縫う。縫い代は2枚一緒にロックミシンをかけて、後ろ側に倒す。

7
袖口を始末して、裾を二つ折りにして縫う。

5／袖口を袖口布でくるむ。

6／袖口を二つ折りにして縫う。

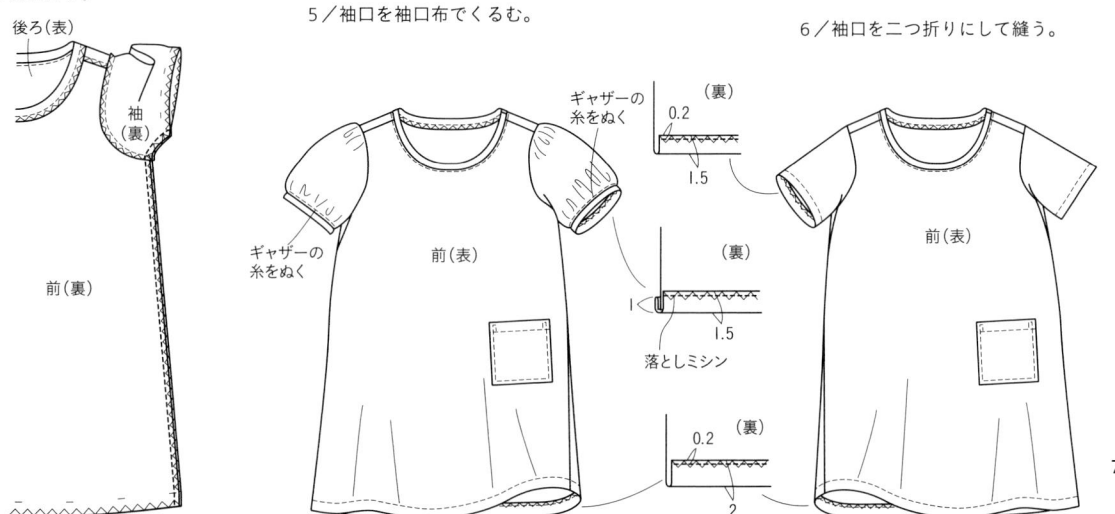

7 子供ニッカボッカ 20page

出来上がり寸法
※左から90／100／110／120／130／140cmサイズ
ウエスト … 60／63／66／70／74／79cm
ヒップ … 63／66／69／73／77／82cm
股下 … 19.5／22／24.5／27.5／30.5／33.5cm

材料 ※左から90／100／110／120／130／140cmサイズ
表布 … C&Sフレンチコーデュロイ
　　　（女の子着用＝ソイラテ・男の子着用＝ラベンデューラ）
　　　105cm幅を70／80／90／100／110／120cm
ゴムテープ … 1.5cm幅(ウエスト用)を
　　　　　　　49／51／53／55／57／59cm
8コール(裾用)を46／48／50／52／54／56cm
伸び止め接着テープ…1cm幅を20cm

〔裁ち合わせ図〕
※指定以外の縫い代は1cm
※□は接着テープを貼る位置

90＝70cm
100＝80cm
110＝90cm
120＝100cm
130＝110cm
140＝120cm

105cm幅
＊コーデュロイの場合は逆毛で裁つ

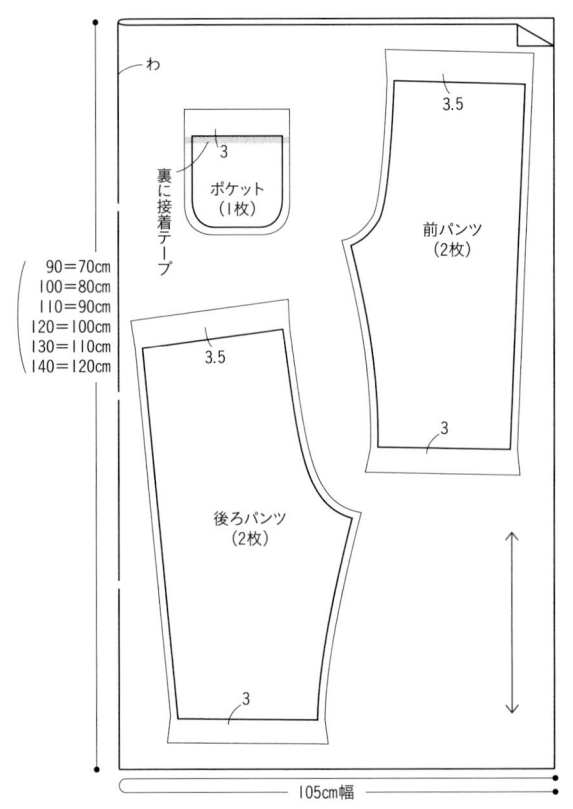

作り方

1
右後ろパンツにポケットをつける。

❶ポケットの上端以外の縫い代をジグザグミシンをかけ、上端を三つ折りにして縫う。カーブ部分の縫い代にぐし縫いをする。

❷脇～下端の縫い代を出来上がりに折る。カーブ部分はぐし縫いの糸を引き、カーブに合わせてアイロンで押さえる。

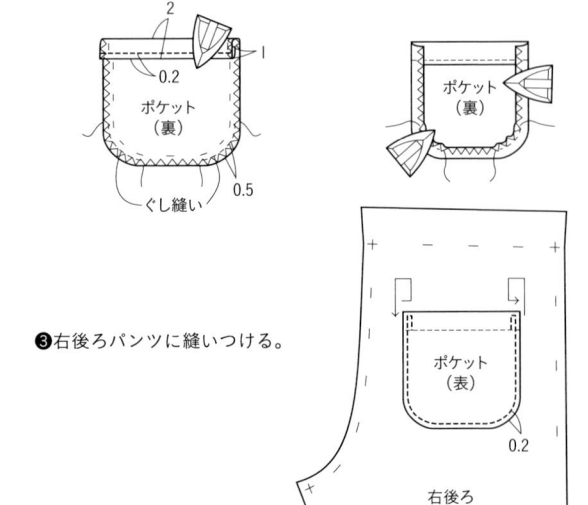

❸右後ろパンツに縫いつける。

2
前後パンツを中表に合わせて、脇を縫う。股下は裾にゴム通し口を残して縫い止まりまで縫い、縫い代は2枚一緒にジグザグミシンをかけて、脇は後ろ側、股下は前側に倒す。

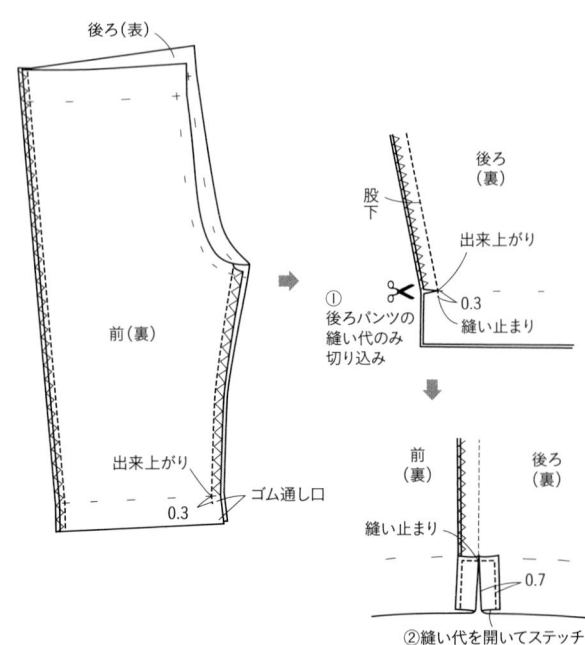

①後ろパンツの縫い代のみ切り込み

②縫い代を開いてステッチ

3

左右パンツを中表に合わせ、後ろ側にゴム通し口を残して股上を縫う。縫い代は2枚一緒にジグザグミシンをかけて、左側に倒す。

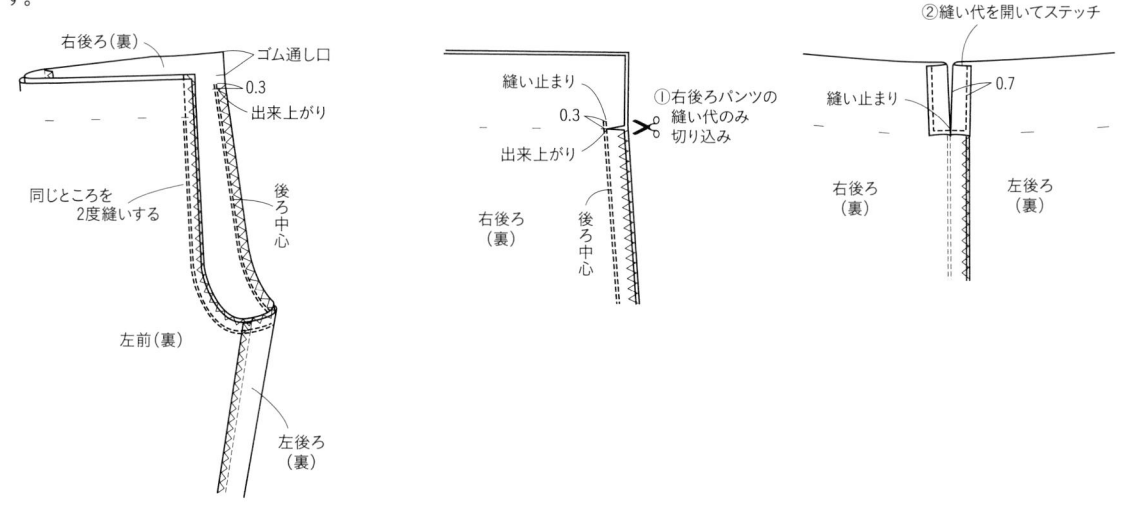

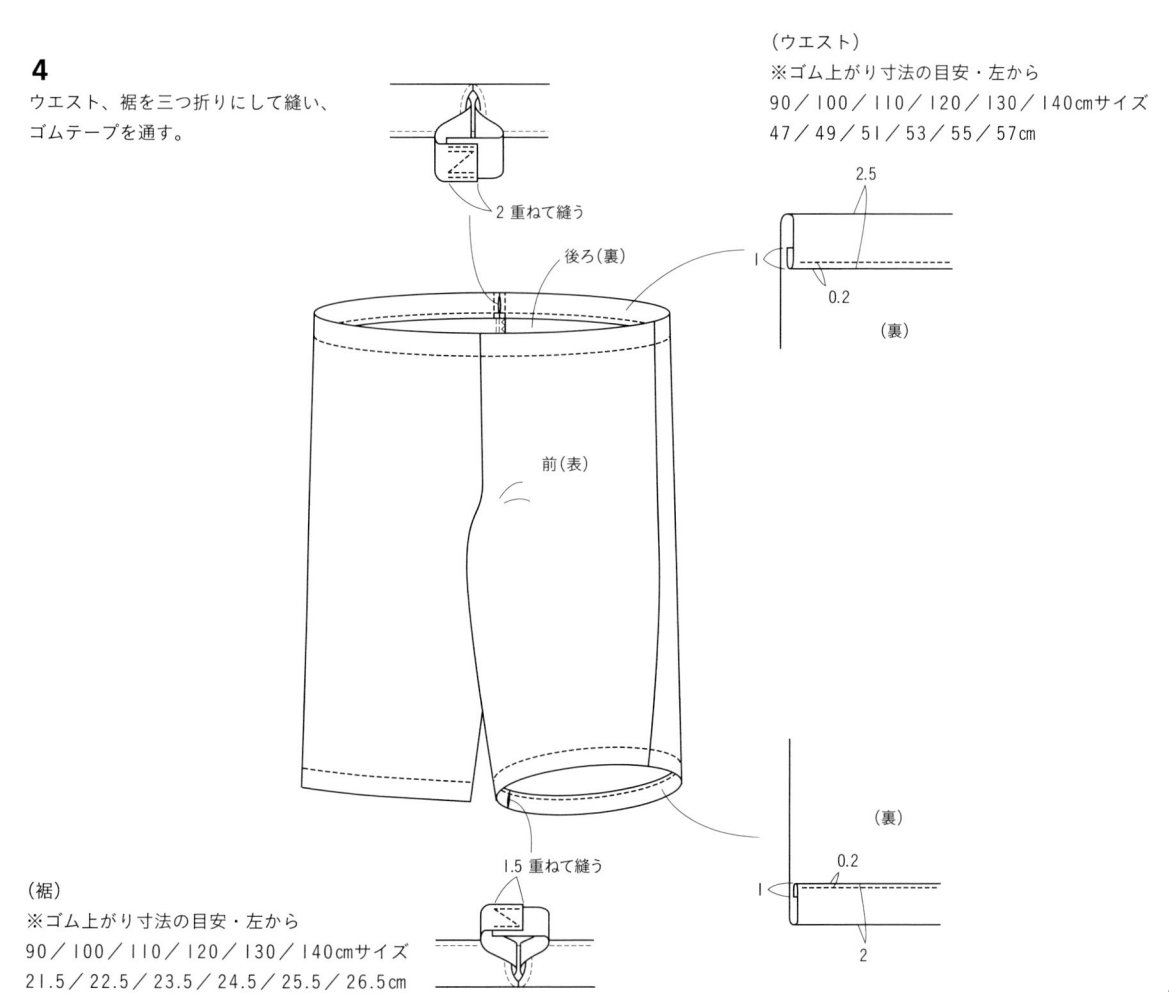

②縫い代を開いてステッチ

右後ろ（裏）
ゴム通し口
0.3
出来上がり
同じところを2度縫いする
後ろ中心
左前（裏）
左後ろ（裏）

縫い止まり
0.3
出来上がり
①右後ろパンツの縫い代のみ切り込み
右後ろ（裏）
後ろ中心

縫い止まり
0.7
右後ろ（裏）
左後ろ（裏）

4

ウエスト、裾を三つ折りにして縫い、ゴムテープを通す。

2 重ねて縫う
後ろ（裏）
前（表）
1.5 重ねて縫う

（ウエスト）
※ゴム上がり寸法の目安・左から
90／100／110／120／130／140cmサイズ
47／49／51／53／55／57cm

2.5
1
0.2
（裏）

（裏）
0.2
1
2

（裾）
※ゴム上がり寸法の目安・左から
90／100／110／120／130／140cmサイズ
21.5／22.5／23.5／24.5／25.5／26.5cm

8 ストール 22page 34page

出来上がり寸法
幅70cm×長さ160cm（フリンジ部分を含む）

材料
表布 … a（22page）＝カシミア×リネン（グレー）　タテ160cm×ヨコ70cm
　　　 b（34page）＝C&Sコットンダブルワッシャー無地（ピンク）　タテ160cm×ヨコ70cm
ボタン … 直径1cmを1個

作り方

1
短辺の布端の横糸を1.5cmほどぬき、フリンジ状にする。

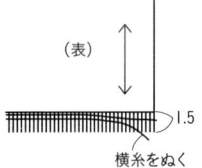

2
長辺の出来上がり線に細幅でジグザグミシンをかける。

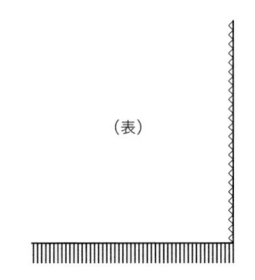

3
糸ループを作り、ボタンをつける。

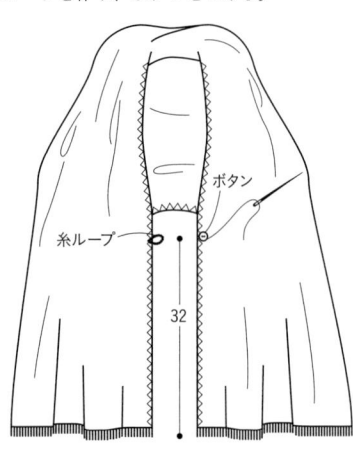

～糸ループの作り方～

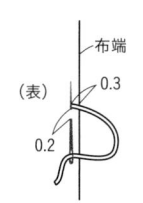

❶糸端に玉結びをして布の裏から通し、布を0.2cmほどすくってしっかり止める。

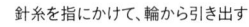

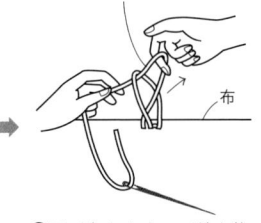

❷再び布をすくって針を抜き、できた輪に針糸を指にかけて引き出す。輪の糸を引き締め、指にかかっている輪から針糸を引き出す。これをくり返し、くさり編みを編む。

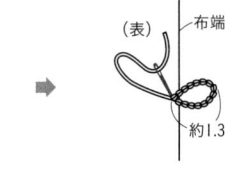

❸編み終わりは糸端を指にかかっている輪に通して引き締め、布に2～3回通したら裏で玉止めをする。

18 リネンガーゼのストール 41page

出来上がり寸法
幅65cm×長さ172cm（フリンジ部分を含む）

材料
表布 … C&Sリネンガーゼ 千鳥格子 65cm幅を172cm

作り方
短辺の布端の横糸を2cmほどぬき、フリンジ状にする。

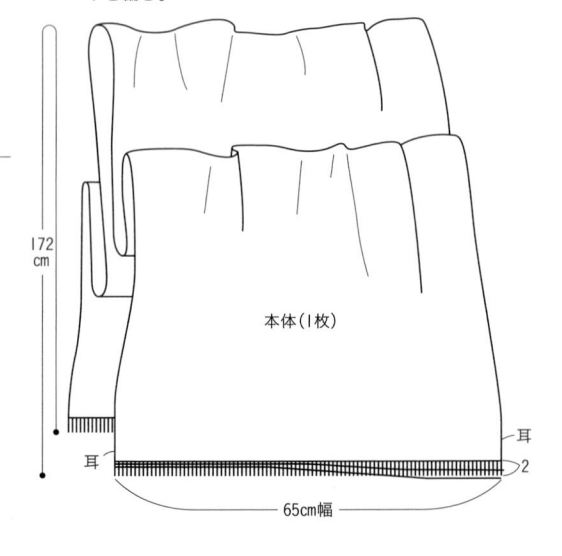

10　ワンハンドルバッグ　24page

出来上がり寸法
タテ32cm×ヨコ31cm

〔製図〕
※縫い代は指定寸法をつける

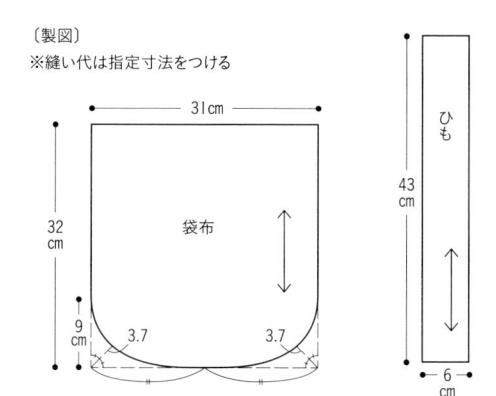

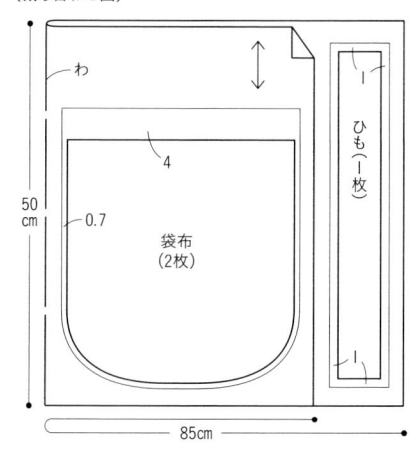

材料　写真左から
表布 … リバティプリント ロビン（マルチ系）
　　　　リバティプリント プライベート ビュー（ピンク系）
　　　　C&S星の綿麻（白にゴールド）
　　　　リバティプリント ジョリー（カラフル系）
　　　　C&S洗いざらしのリネン細ボーダー（グリーン）
　　　　C&Sダブルガーゼ パネルボーダー（ネイビー）
いずれもタテ50cm×ヨコ85cm

作り方

1
袋布2枚を中表に合わせて、脇～底を縫う。縫い代は2枚一緒にジグザグミシンをかけて、片側に倒す。

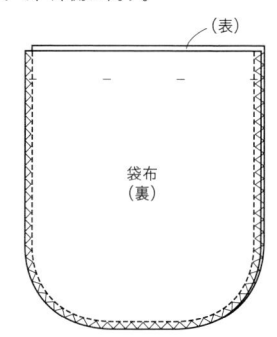

2
ひもを作る。ひもを半分に中表に折り合わせて縫い、縫い代を割る。表に返して、両脇にステッチをかける。

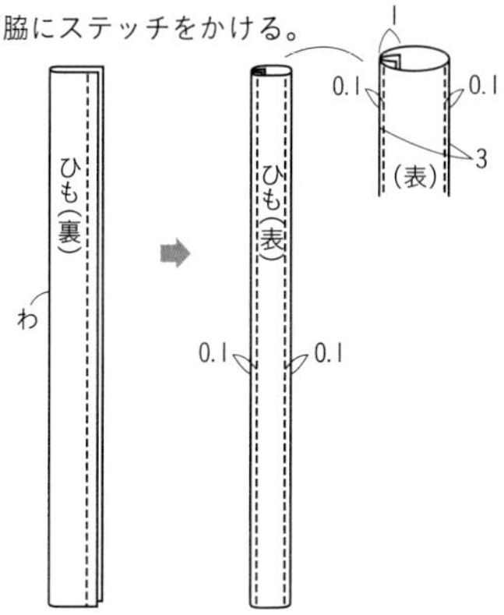

3
袋布の上端を三つ折りにして、両脇にひもをはさんで縫う。ひもを起こし、袋布の上端をひもも一緒にステッチする。

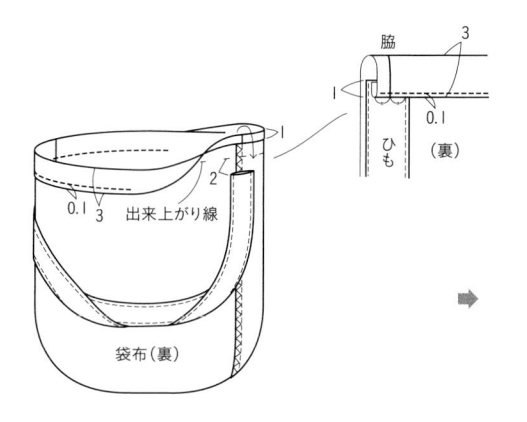

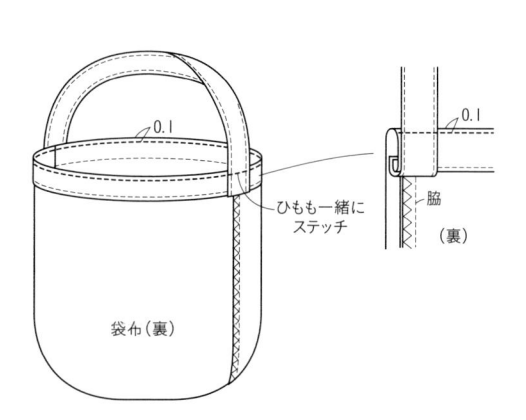

19　リバーシブルギャザーバッグ　42page

出来上がり寸法
タテ22cm×ヨコ32cm

材料
表布 … リネンツイル（ベージュ）150cm幅を50cm
裏布 … リバティプリント クールコースト（マスタード系）
　　　　110cm幅を35cm

〔裁ち合わせ図〕　※縫い代は1cm

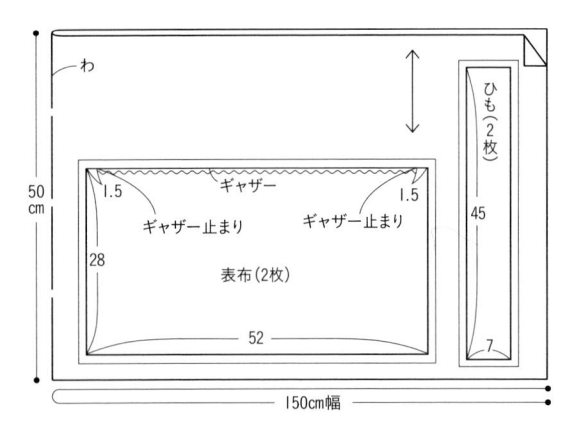

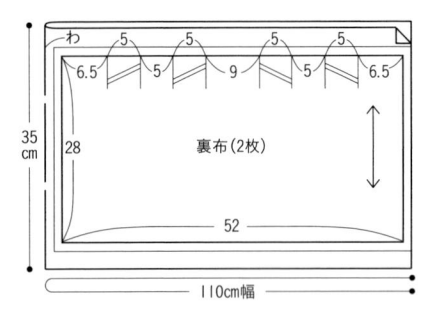

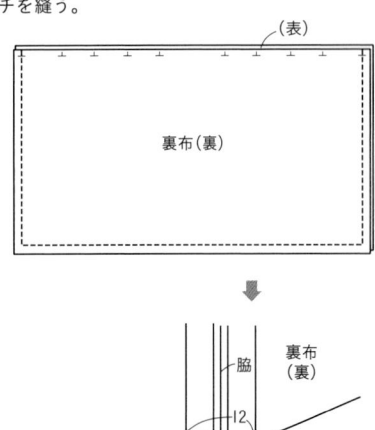

作り方

1
表布2枚を中表に合わせて、底を縫う。縫い代を割り、縫い目の両脇にステッチをかける。

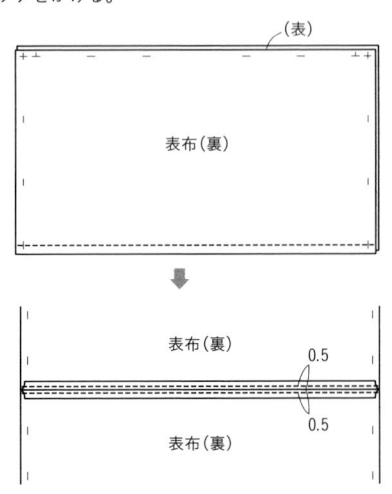

2
表布を中表に合わせて、底を折り込む。脇を縫い、縫い代を割る。

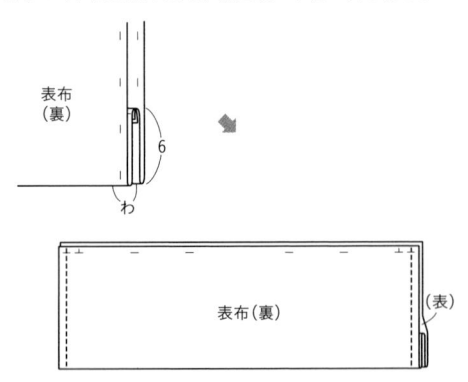

3
裏布2枚を中表に合わせて、脇～底を縫う。縫い代を割り、底にマチを縫う。

4
ひもを作る。ひも1枚を半分に中表に折り合わせて縫い、縫い代を割る。表に返して、両脇にステッチをかける。同様に、もう1本作る。

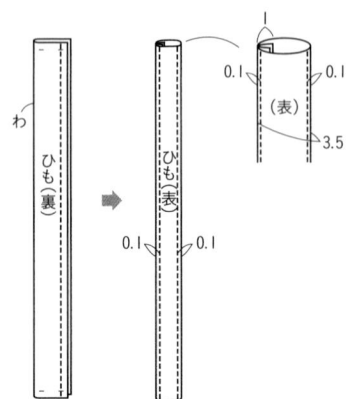

5

表布の上端に粗い針目で2本ミシンをかけて、ギャザーを寄せる。
裏布は上端にタックをたたみ、仮止めする。

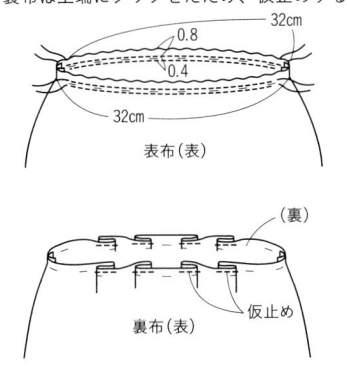

6

表布と裏布を中表に合わせてひもをはさみ、返し口を残して縫う。表に返し、返し口をまつる。

※ギャザーの糸はぬく

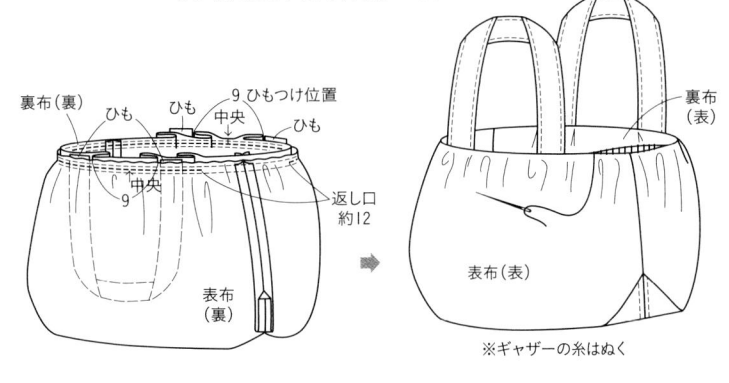

20　ちくちくブランケット　43page

出来上がり寸法
タテ80cm×ヨコ100cm

材料
表布…C&Sピュアリネンガーゼ（ベージュ）110cm幅を85cm
裏布…リバティプリント ベッツィー（ピンク系）110cm幅を85cm
キルト芯…タテ110cm×ヨコ85cm、刺し子糸

〔裁ち合わせ図〕　※縫い代は1cm

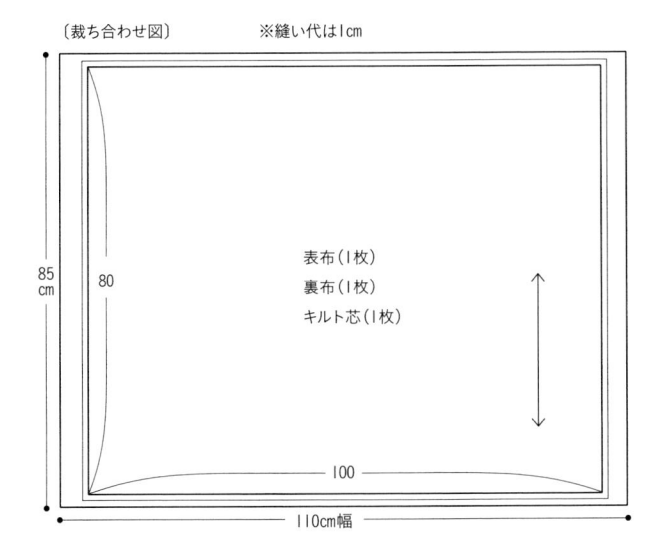

表布（1枚）
裏布（1枚）
キルト芯（1枚）

85cm / 80 / 100 / 110cm幅

作り方

1

表布とキルト芯を2枚重ねて、並縫いの要領で約1.5cm間隔のボーダー状に縫う。

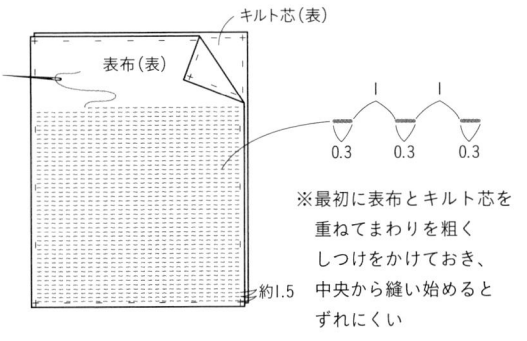

※最初に表布とキルト芯を重ねてまわりを粗くしつけをかけておき、中央から縫い始めるとずれにくい

2

表布と裏布を中表に合わせて、返し口を残して縫う。表に返し、返し口をまつる。

返し口 約20

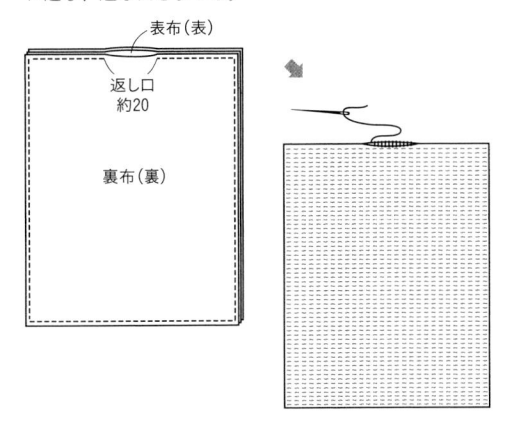

12 シンプルパンツ 30page

出来上がり寸法 ※左からS／M／Lサイズ
ウエスト … 92／96／102cm
ヒップ … 103／107／113cm
股下 … 62.5／62.5／62.5cm

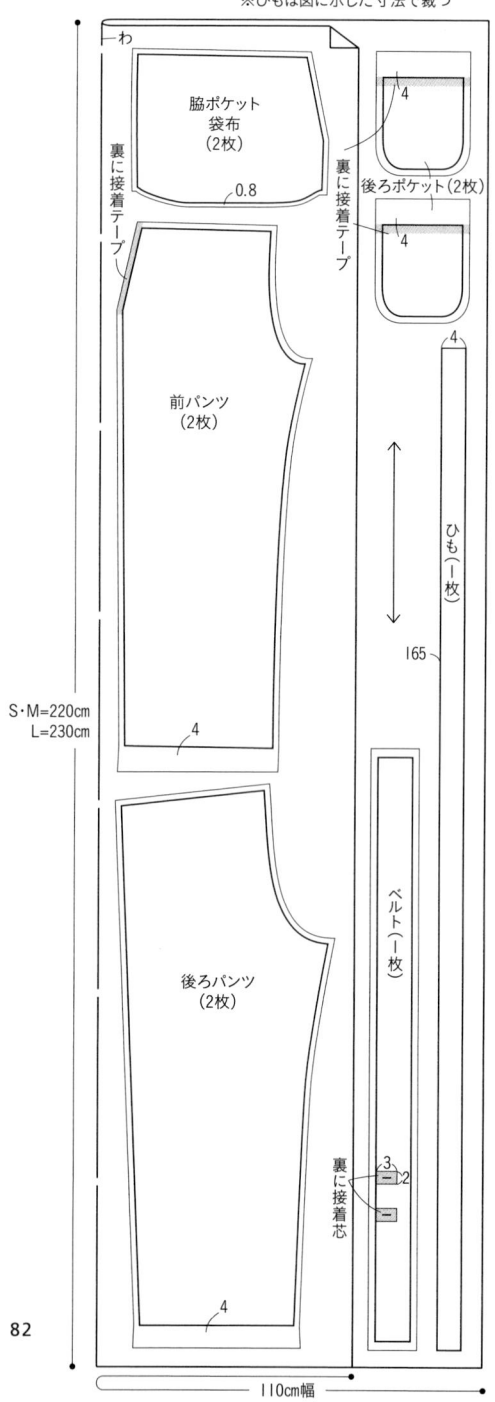

材料 ※左からS／M／Lサイズ
表布 … C&Sコットントゥジュー（チャコールグレー）
110cm幅を220／220／230cm
接着芯 … タテ6cm×ヨコ4cm
ゴムテープ … 2cm幅を64／68／74cm
伸び止め接着テープ … 1cm幅を75cm

作り方

1
ポケットを後ろパンツにつける。

❶ポケットの上端以外の縫い代をジグザグミシンをかけ、上端を三つ折りにして縫う。カーブ部分の縫い代にぐし縫いをする。

❷脇〜下端の縫い代を出来上がりに折る。カーブ部分はぐし縫いの糸を引き、カーブに合わせてアイロンで押さえる。

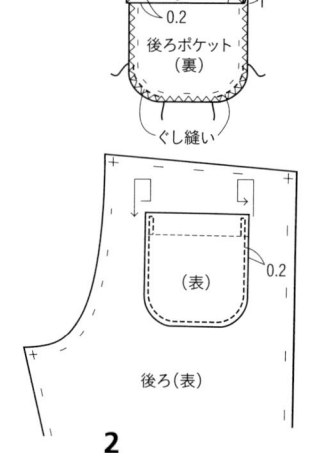

❸後ろパンツに縫いつける。

2
脇ポケット袋布を作る。

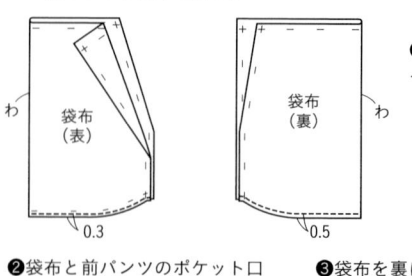

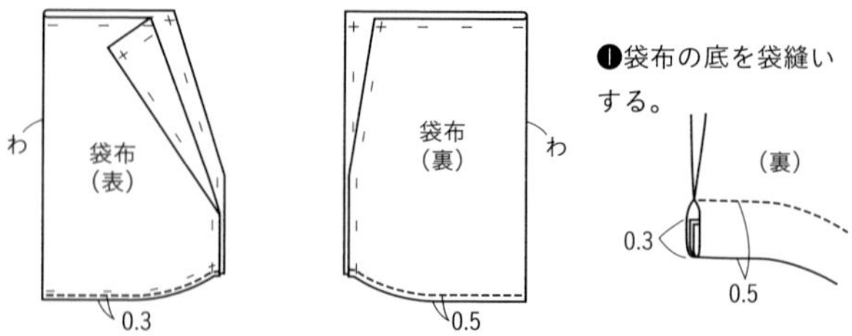

❶袋布の底を袋縫いする。

❷袋布と前パンツのポケット口を、中表に合わせて縫う。

❸袋布を裏に返し、ポケット口にステッチをかける。

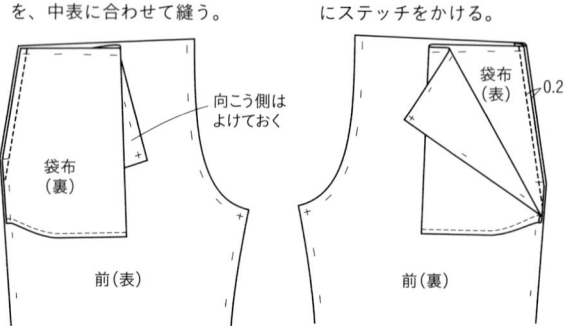

3

前後パンツの脇と股下にジグザグミシンをかけておく。前後パンツを中表に合わせて、脇と股下を縫う。縫い代は割る。

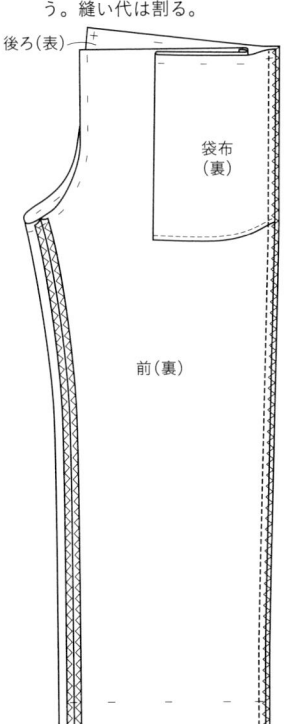

4

左右パンツを中表に合わせて股上を縫う。縫い代は2枚一緒にジグザグミシンをかけて、左パンツ側に倒す。

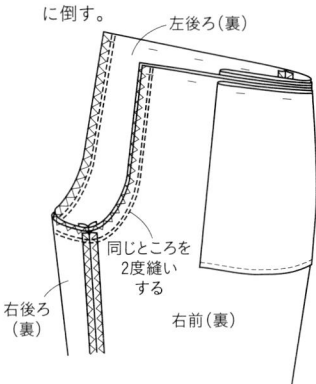

5

ウエストにベルトをつける。

❶ ひも通し口の裏に接着芯を貼り、ひも通し穴（ボタンホール）を作る。

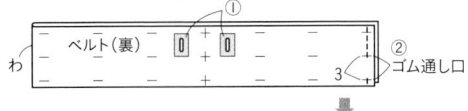

❷ ベルトを中表に合わせ、ゴム通し口を残して縫う。

❸ 縫い代は割り、ゴム通し口にステッチをかける。

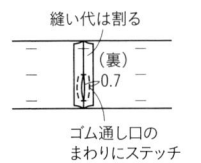

❹ パンツのウエストとベルトを中表に合わせて縫い、下端を折る。

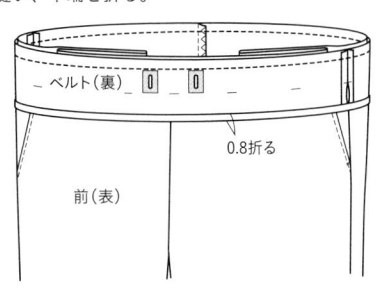

❺ ベルトをアイロンで起こして出来上がりに折り、表からベルトの際を縫う。

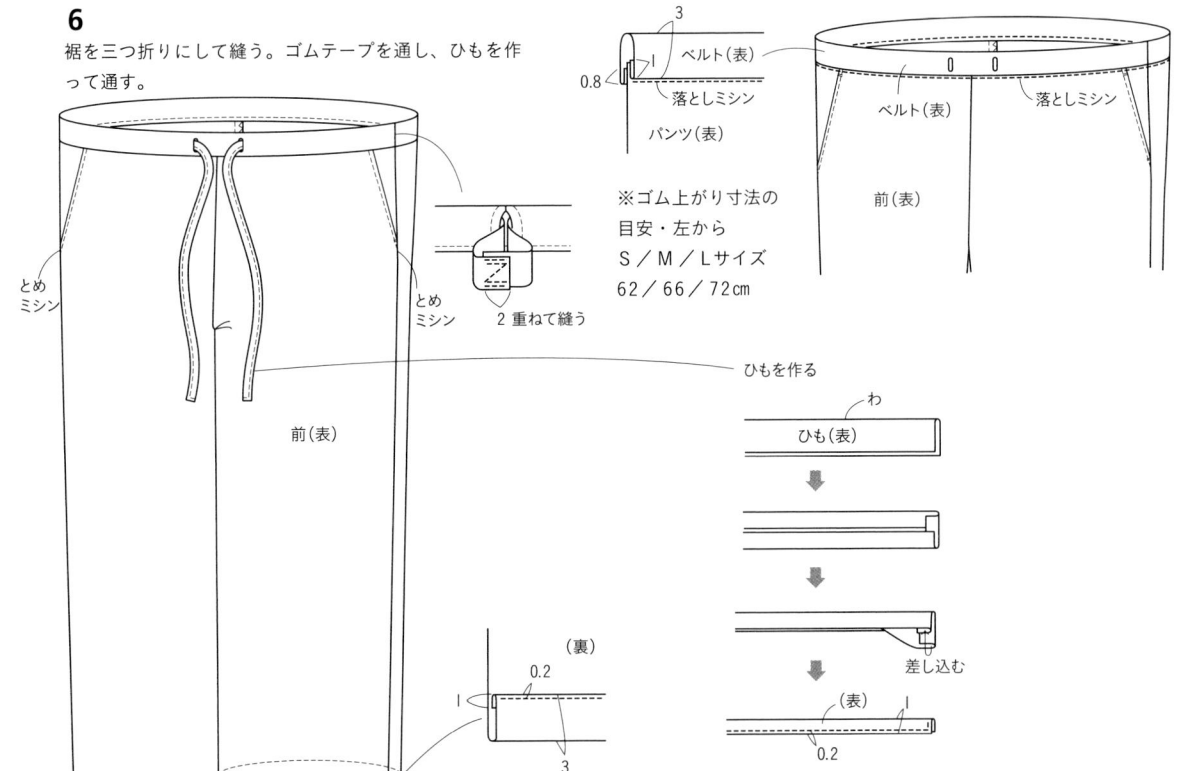

※ゴム上がり寸法の目安・左から S／M／Lサイズ 62／66／72cm

6

裾を三つ折りにして縫う。ゴムテープを通し、ひもを作って通す。

ひもを作る

13　ブラウジングブラウス　32page 36page 59page

出来上がり寸法　※左からS／M／Lサイズ
バスト…145／149／154cm
着丈…58.5／60／62cm

材料　※左からS／M／Lサイズ
a（32page）の表布…ウールガーゼ（ライトグレー）
　　　　　　　　　130cm幅を160／160／170cm
b（36page）の表布…C&S織りのボーダー（ブルー）
　　　　　　　　　110cm幅を160／160／170cm
c（59page）の表布…C&Sコットンパピエ（グリーン）
　　　　　　　　　105cm幅を170／170／180cm
ゴムテープ（a、bのみ）…0.5cm幅を92／96／100cm
接着芯…タテ20cm×ヨコ70cm

〔裁ち合わせ図〕※指定以外の縫い代は1cm
　　　　　　　※□は接着芯を貼る位置

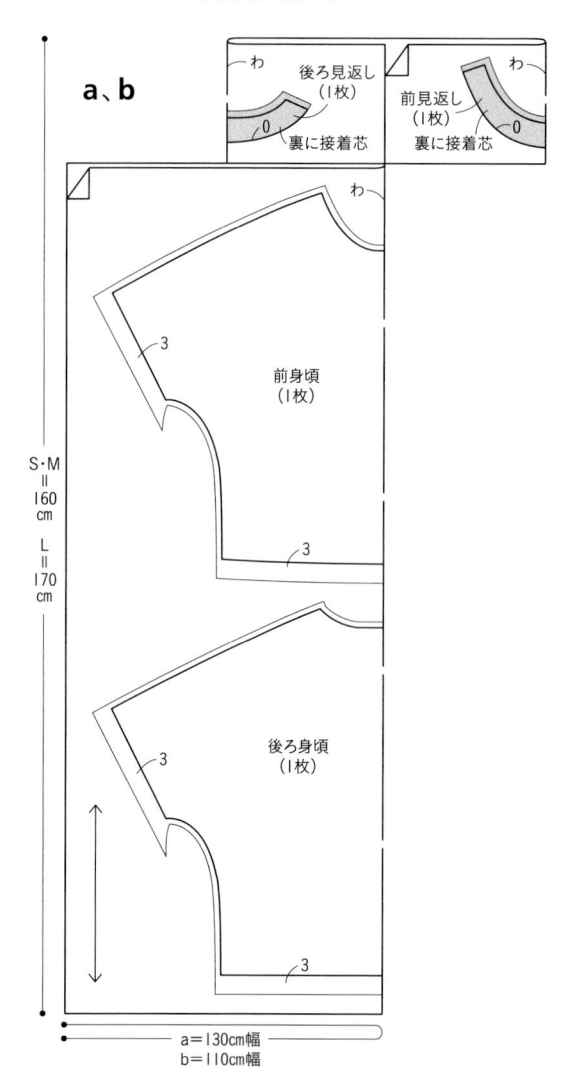

※ひもは、図に示した寸法で裁つ

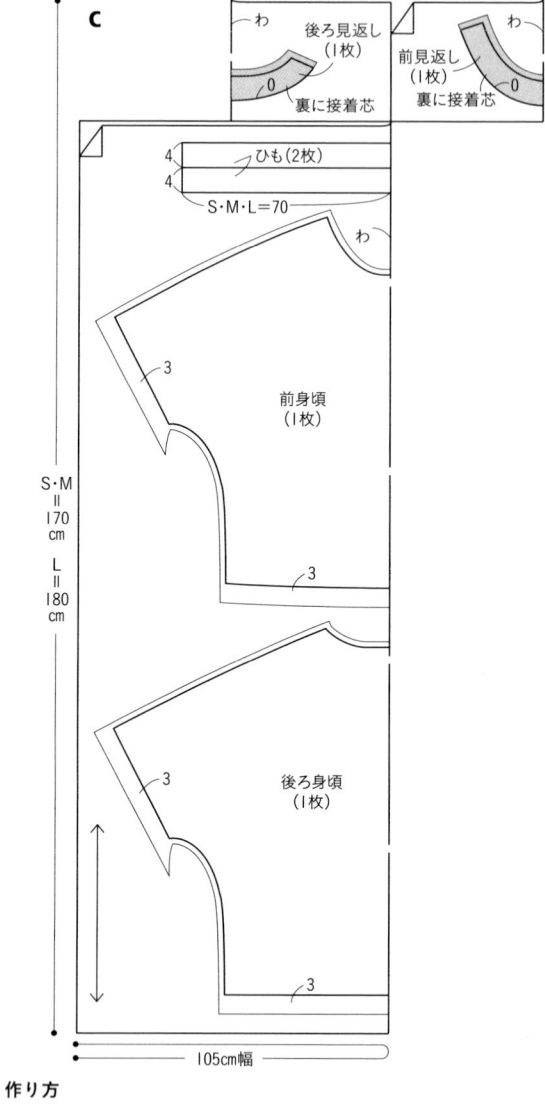

作り方

1
前後身頃を中表に合わせて、肩を縫う。縫い代は2枚一緒にジグザグミシンをかけて、後ろ側に倒す。

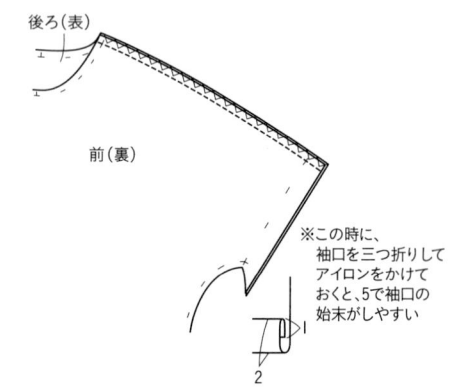

※この時に、袖口を三つ折りしてアイロンをかけておくと、5で袖口の始末がしやすい

2
前後見返しを中表に合わせて、肩を縫う。縫い代は前側に倒し、前後見返しのまわりにジグザグミシンをかける。

3
身頃の衿ぐりと見返しを中表に合わせて、衿ぐりを縫う。カーブ部分の縫い代に切り込みを入れて、見返しを表に返し、ステッチをかける。

4
a、b：前後身頃を中表に合わせて、脇を縫う。縫い代は2枚一緒にジグザグミシンをかけて、後ろ側に倒す。

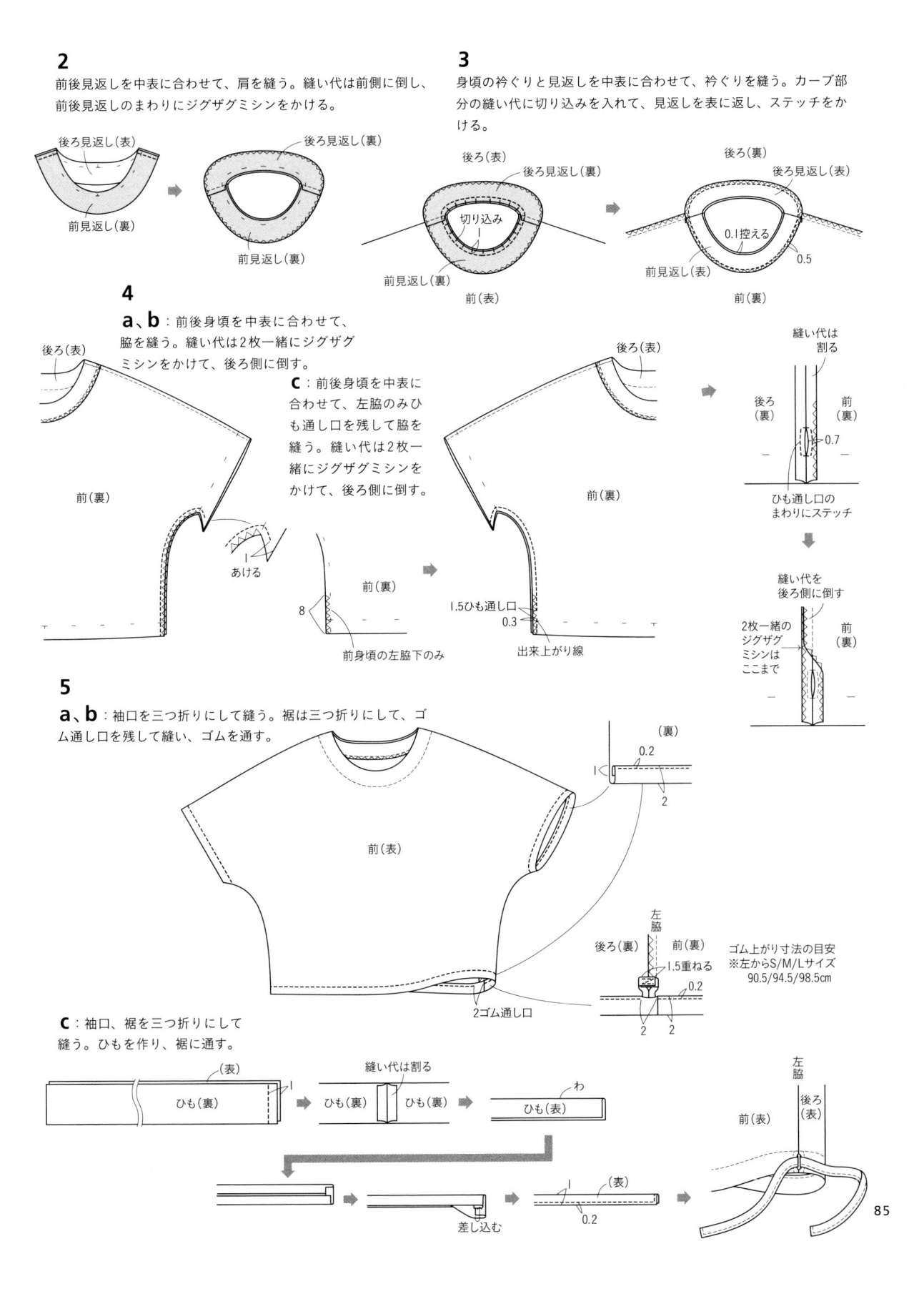

c：前後身頃を中表に合わせて、左脇のみひも通し口を残して脇を縫う。縫い代は2枚一緒にジグザグミシンをかけて、後ろ側に倒す。

5
a、b：袖口を三つ折りにして縫う。裾は三つ折りにして、ゴム通し口を残して縫い、ゴムを通す。

ゴム上がり寸法の目安
※左からS/M/Lサイズ
90.5/94.5/98.5cm

c：袖口、裾を三つ折りにして縫う。ひもを作り、裾に通す。

14 ノースリーブワンピース 34page

出来上がり寸法 ※左からS／M／Lサイズ
バスト …91／95／100cm
着丈 …102.5／103.5／105.5cm

材料 ※左からS／M／Lサイズ
表布 …C&SナチュラルコットンHOLIDAY（ブルー）
　　　110cm幅を260／270／270cm
接着芯 …90cm幅を50cm
伸び止め接着テープ …1cm幅を32cm

〔裁ち合わせ図〕　※指定以外の縫い代は1cm
　　　　　　　　※ベルト通しは、図に示した寸法で裁つ
　　　　　　　　※□は接着芯、接着テープを貼る位置

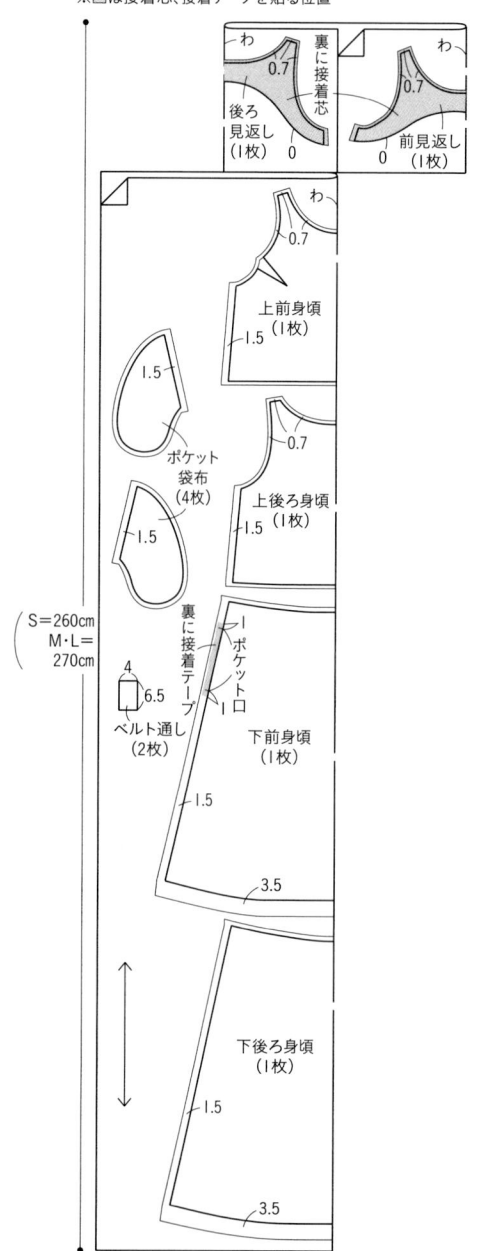

作り方

1
前後上身頃の脇、前後下身頃の脇、裏に接着芯を貼った前後見返しの下端、袋布のポケット口の縫い代にジグザグミシンをかける。

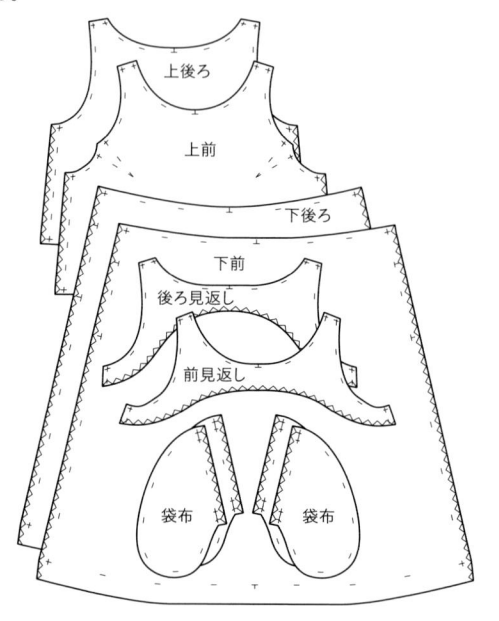

2
上前身頃のダーツを縫い、上側に倒す。

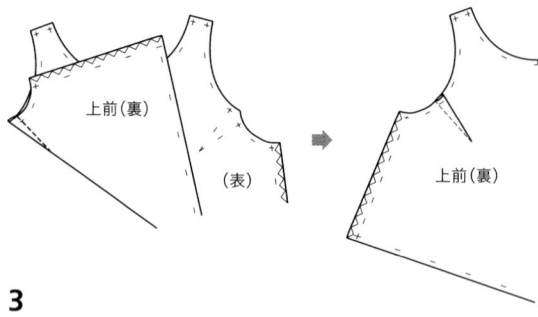

3
前後上身頃を見返しで縫い返す。
❶前後身頃と見返しをそれぞれ中表に合わせて布端をそろえる。衿ぐりと袖ぐりを肩の印から2cm残して縫い、縫い代に切り込みを入れる。

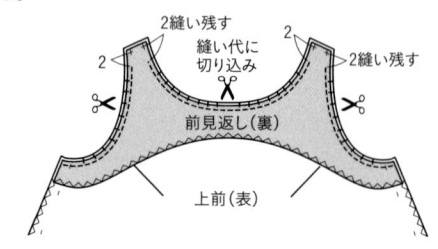

❷表に返し、見返しを控えてアイロンで形を整える。前後身頃の肩を縫い、縫い代を割る。
❸見返しの肩を出来上がりに折り、突き合わせて渡しまつりで縫う。①で2cm縫い残した部分をまつる。
❹脇を見返しの下端〜身頃の裾まで続けて縫い、縫い代を割る。
❺見返しの脇の下端を、身頃の脇の縫い代に千鳥がけで止める。

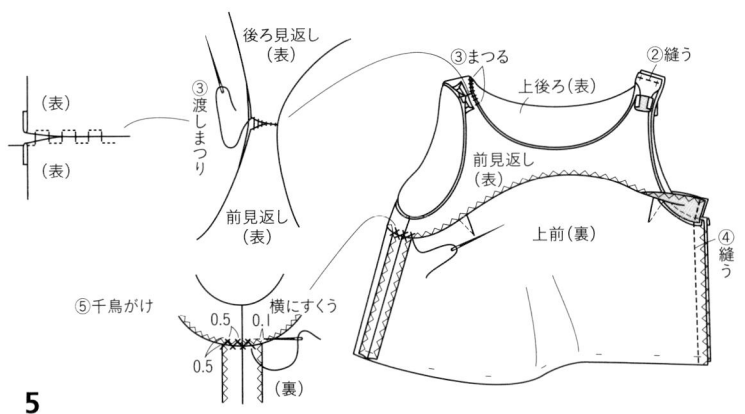

4

前後下身頃脇にポケットをつけて、脇を縫う。

❶前後下身頃の脇に袋布をつける。

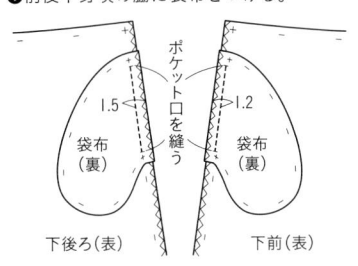

❷前後下身頃を中表に合わせる。袋布を避けながらポケット口を残してウエスト〜裾までを縫い、縫い代は割る。

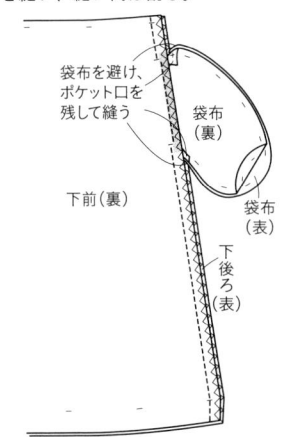

❸下前身頃の表から、ポケット口を袋布まで通して縫う。

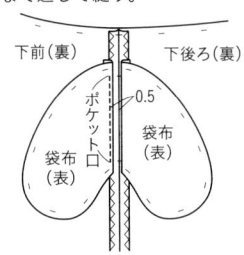

❹袋布のまわりを縫い、縫い代は2枚一緒にジグザグミシンをかける。表から、あき止まりに袋布まで通して返し縫いをする。

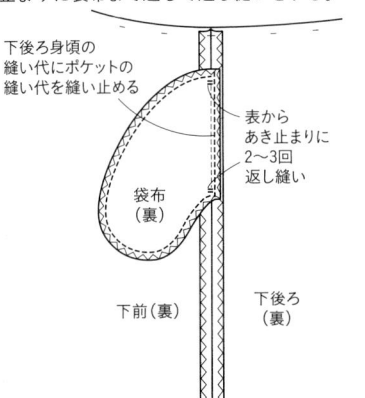

5

前後上身頃と前後下身頃を中表に合わせて縫う。
縫い代は2枚一緒にジグザグミシンをかけて、上側に倒す。

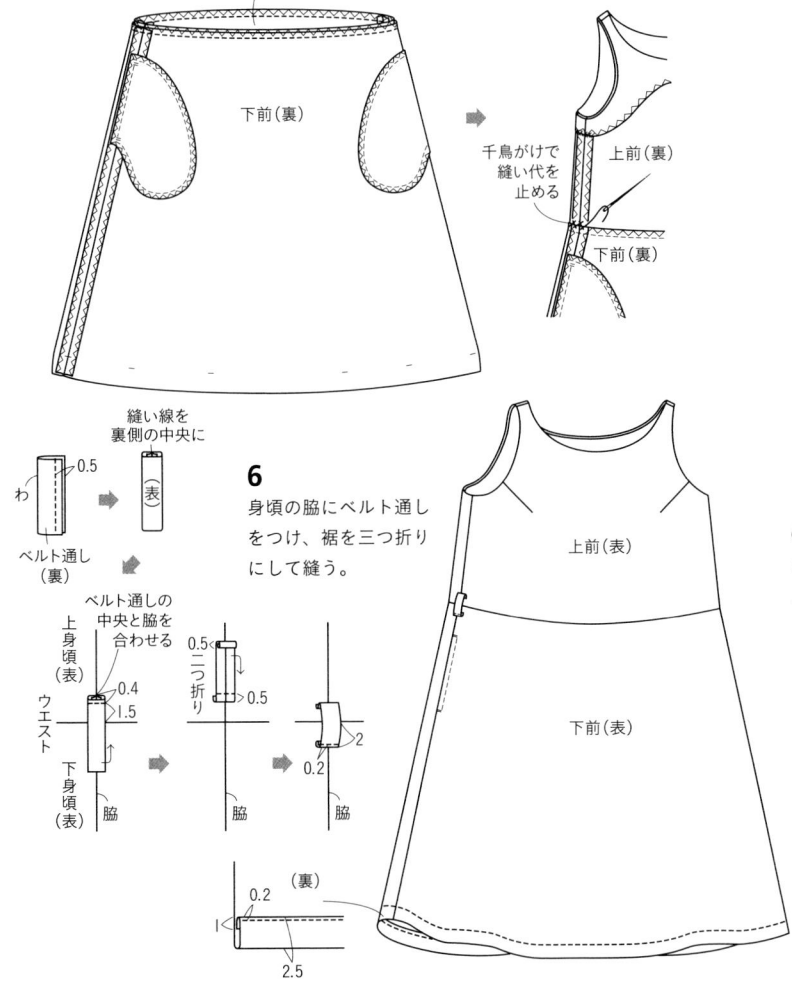

6

身頃の脇にベルト通しをつけ、裾を三つ折りにして縫う。

15 海辺のロングスカート 36page

出来上がり寸法 ※左からS／M／Lサイズ
ウエスト … 101／106／111cm
スカート丈 … 89／89／89cm

材料 ※左からS／M／Lサイズ
表布 … ナチュラルコットンダブルガーゼ（ホワイト）
　　　　110cm幅を300／300／310cm
ゴムテープ… 2cm幅を60／65／70cm

〔裁ち合わせ図〕　※図に示した寸法に、縫い代をつけて裁つ
　　　　　　　　※指定以外の縫い代は1cm

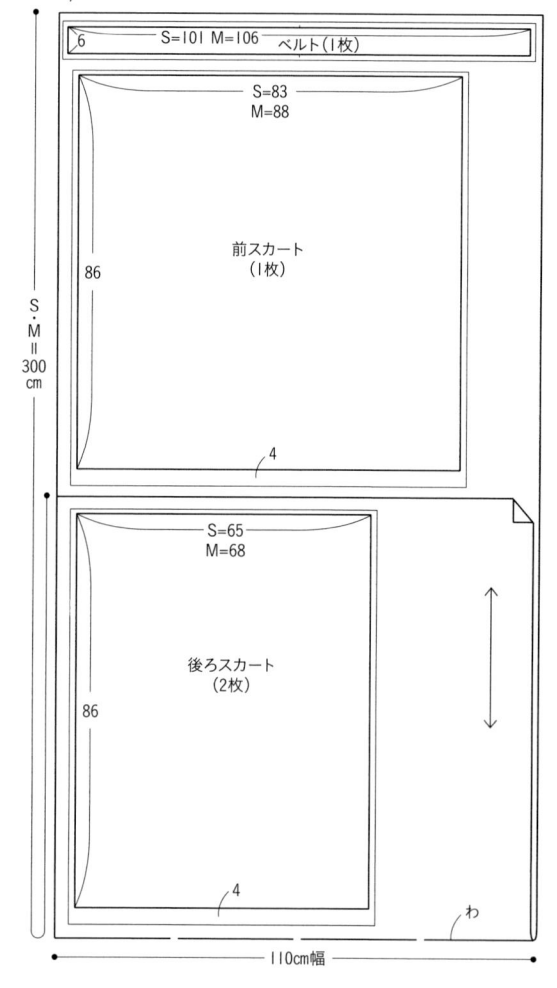

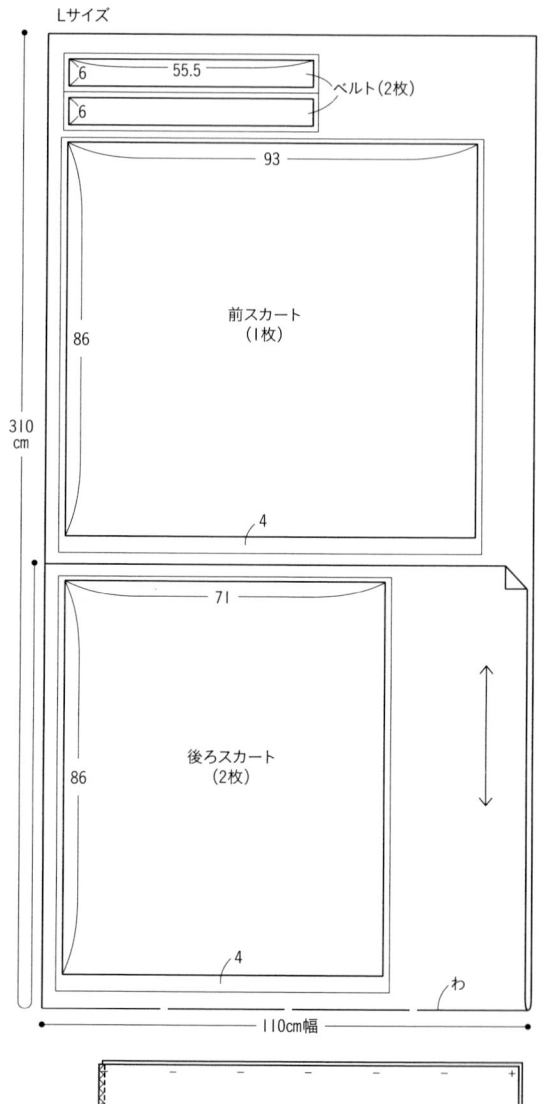

S/Mサイズ

ベルト（1枚）　S=101 M=106　6

前スカート（1枚）　S=83 M=88　86　4

後ろスカート（2枚）　S=65 M=68　86　4

S・M＝300cm　110cm幅　わ

Lサイズ

ベルト（2枚）　55.5　6　6

前スカート（1枚）　93　86　4

後ろスカート（2枚）　71　86　4

310cm　110cm幅　わ

後ろ（裏）　後ろ（表）

作り方

1 後ろスカート2枚を中表に合わせて、後ろ中心を縫う。縫い代は2枚一緒にジグザグミシンをかけて、左側に倒す。

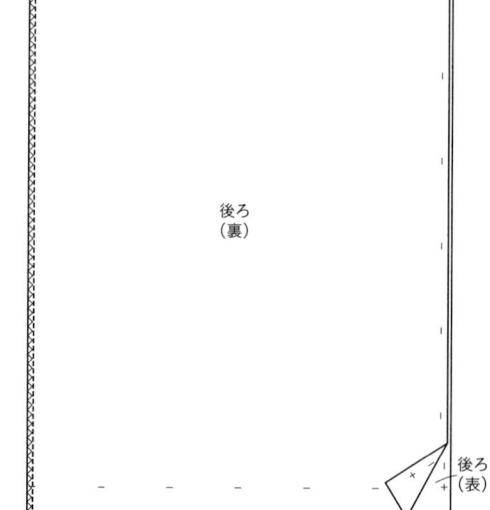

2
前後スカートを中表に合わせて、脇を縫う。縫い代は2枚一緒にジグザグミシンをかけて、後ろ側に倒す。

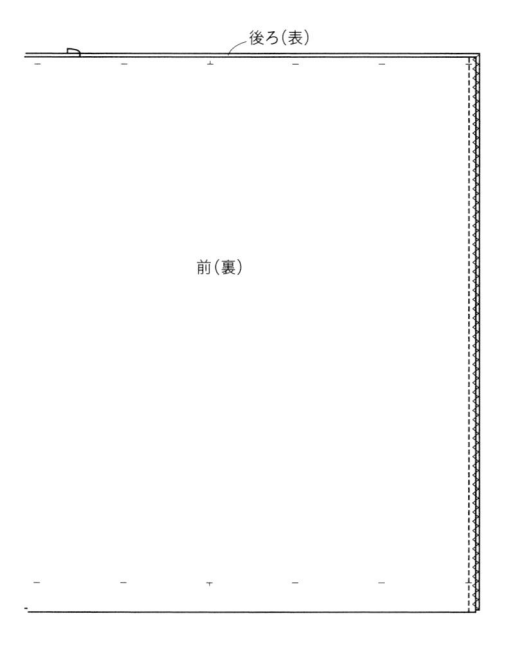

後ろ(表)

前(裏)

3
前後スカートの上端に粗い針目のミシンを2本かけて、ギャザーを寄せる。

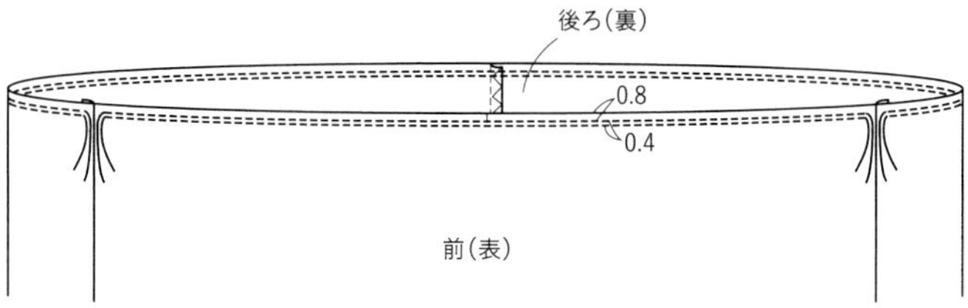

0.8
0.4
前(表)

4
ウエストにベルトをつける。

❶ベルトを中表に合わせ、ゴム通し口を残して縫う（Lはベルト2枚を中表に合わせ、ゴム通し口を残して両脇を縫う）。縫い代は割り、ゴム通し口にステッチをかける。下端を1cm折っておく。

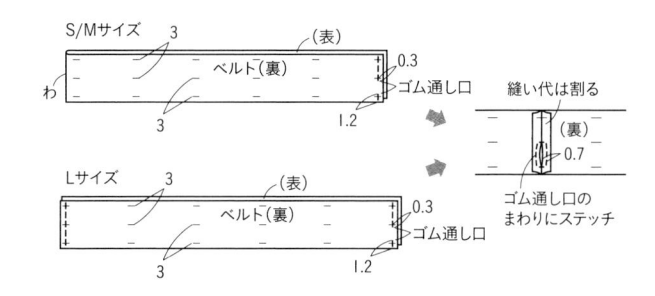

S/Mサイズ
3　　　(表)
わ　ベルト(裏)　0.3
　　　　　　　　ゴム通し口
3　　　1.2

縫い代は割る
(裏)
0.7
ゴム通し口のまわりにステッチ

Lサイズ
3　　　(表)
ベルト(裏)　0.3
　　　　　　ゴム通し口
3　　　1.2

❷ギャザーを均等に寄せながら、スカートのウエストとベルトを中表に合わせて縫う。

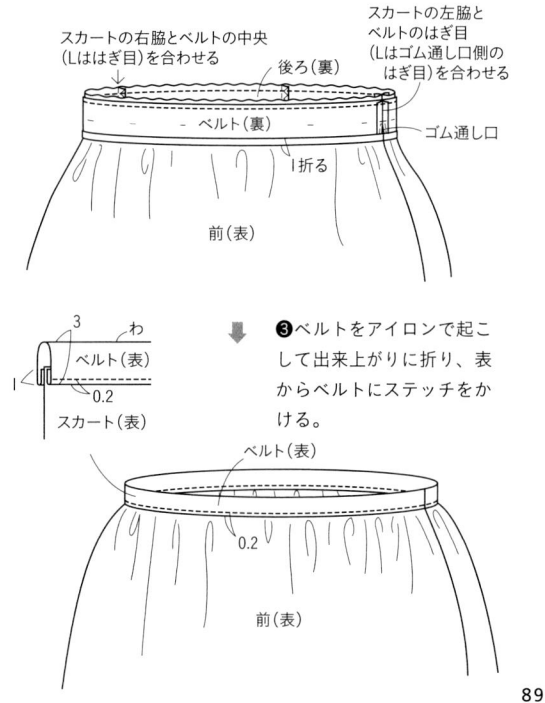

スカートの右脇とベルトの中央(Lははぎ目)を合わせる
スカートの左脇とベルトのはぎ目(Lはゴム通し口側のはぎ目)を合わせる
後ろ(裏)
ベルト(裏)
ゴム通し口
1折る
前(表)

3　わ
ベルト(表)
1　　0.2
スカート(表)

❸ベルトをアイロンで起こして出来上がりに折り、表からベルトにステッチをかける。

ベルト(表)
0.2
前(表)

5
裾を三つ折りにして縫い、ゴムテープを通す。

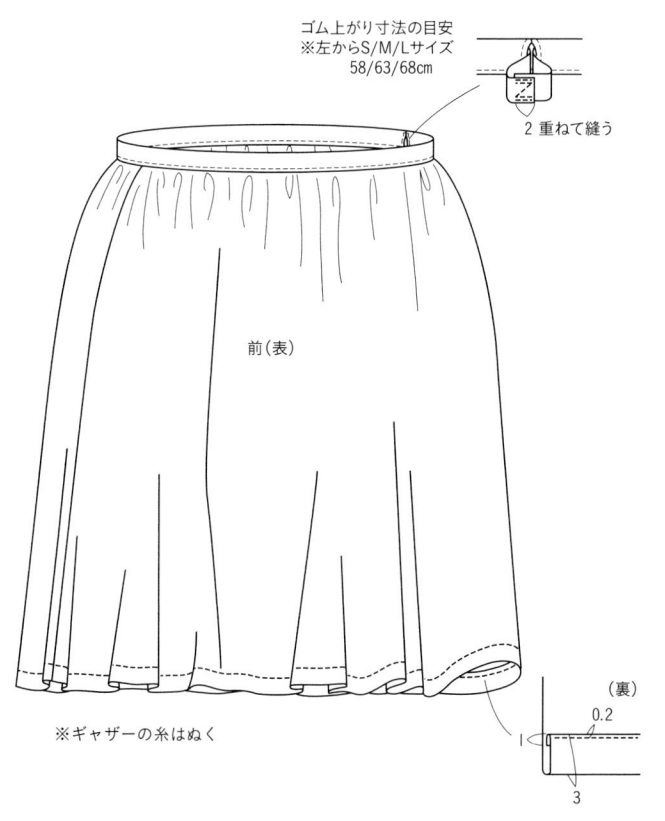

ゴム上がり寸法の目安
※左からS/M/Lサイズ
58/63/68cm

2 重ねて縫う

前(表)

※ギャザーの糸はぬく

(裏)
0.2
1
3

16 水玉模様のワンピース　38page

出来上がり寸法 ※左からS／M／Lサイズ

バスト … 135／139／144cm
着丈 … 106／107／109.5cm
袖丈（衿ぐりから）… 26.5／27.5／29cm

〔裁ち合わせ図〕
※指定以外の縫い代は1cm
※衿ぐりバイアス布、ひも、ひも通し布は図に示した寸法で裁つ
※■は接着テープを貼る位置

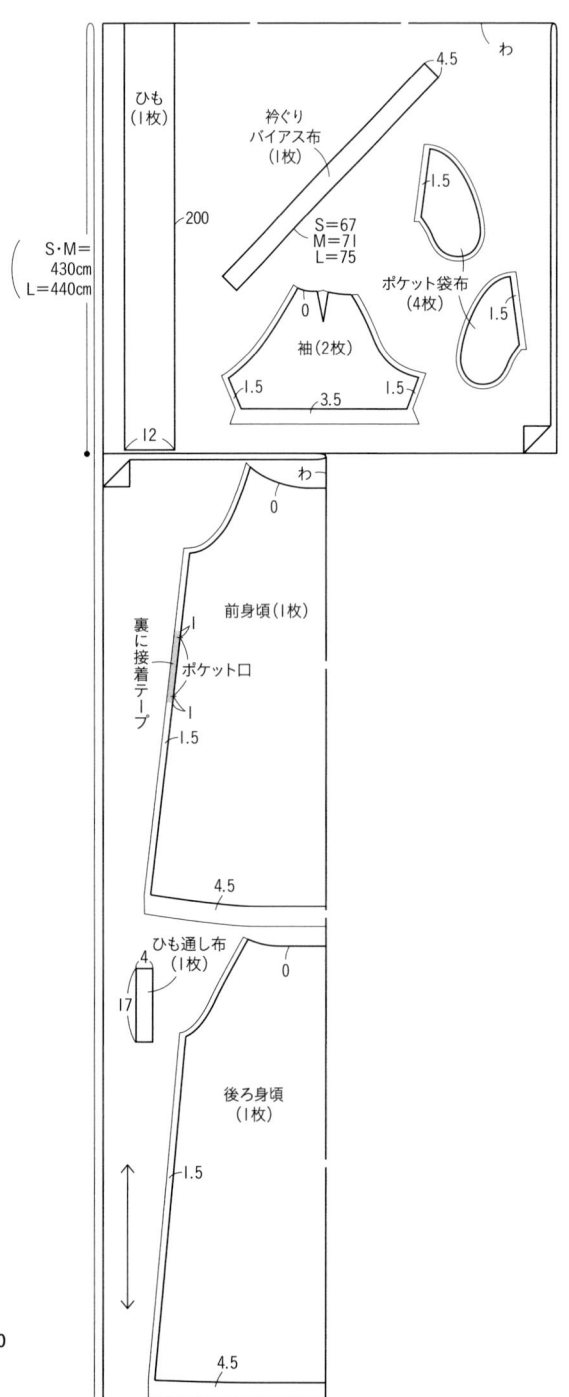

材料 ※左からS／M／Lサイズ

表布 … リバティプリント フェントン（ブルー）
　　　110cm幅を430／430／440cm
伸び止め接着テープ … 1cm幅が35cm

作り方

1
前後身頃にポケットをつける。前後身頃ともに袋布のポケット口を中表に合わせて縫い、2枚一緒に縫い代にジグザグミシンをかける。袋布を表に返す。

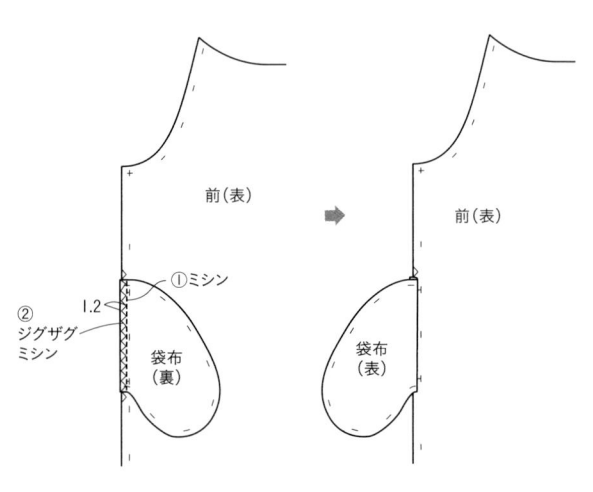

2
袖のダーツを縫い、後ろ側に倒す。前後身頃と中表に合わせて、袖ぐりを縫い、縫い代は2枚一緒にジグザグミシンをかけて袖側に倒す。表に返し、袖側にステッチをかける。

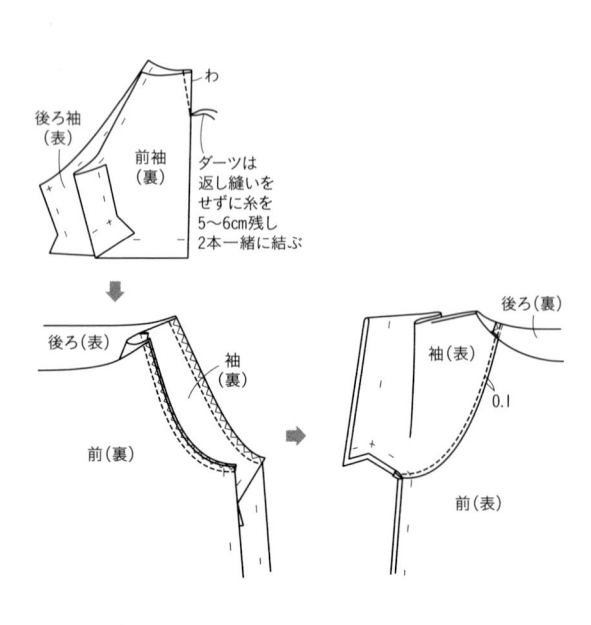

3

身頃の衿ぐりに粗い針目でミシンを2本かけて、ギャザーを寄せる。衿ぐりバイアス布を四つ折りにする。身頃の衿ぐりと衿ぐりバイアス布を中表に合わせて衿ぐりを縫い、縫い代をくるむ。

4

前後身頃・袖を中表に合わせて、袖口～裾までポケット口をあけて縫う。ポケットの回りを縫う。縫い代は2枚一緒にジグザグミシンをかけて、前側に倒す。ポケット口にステッチをかける。

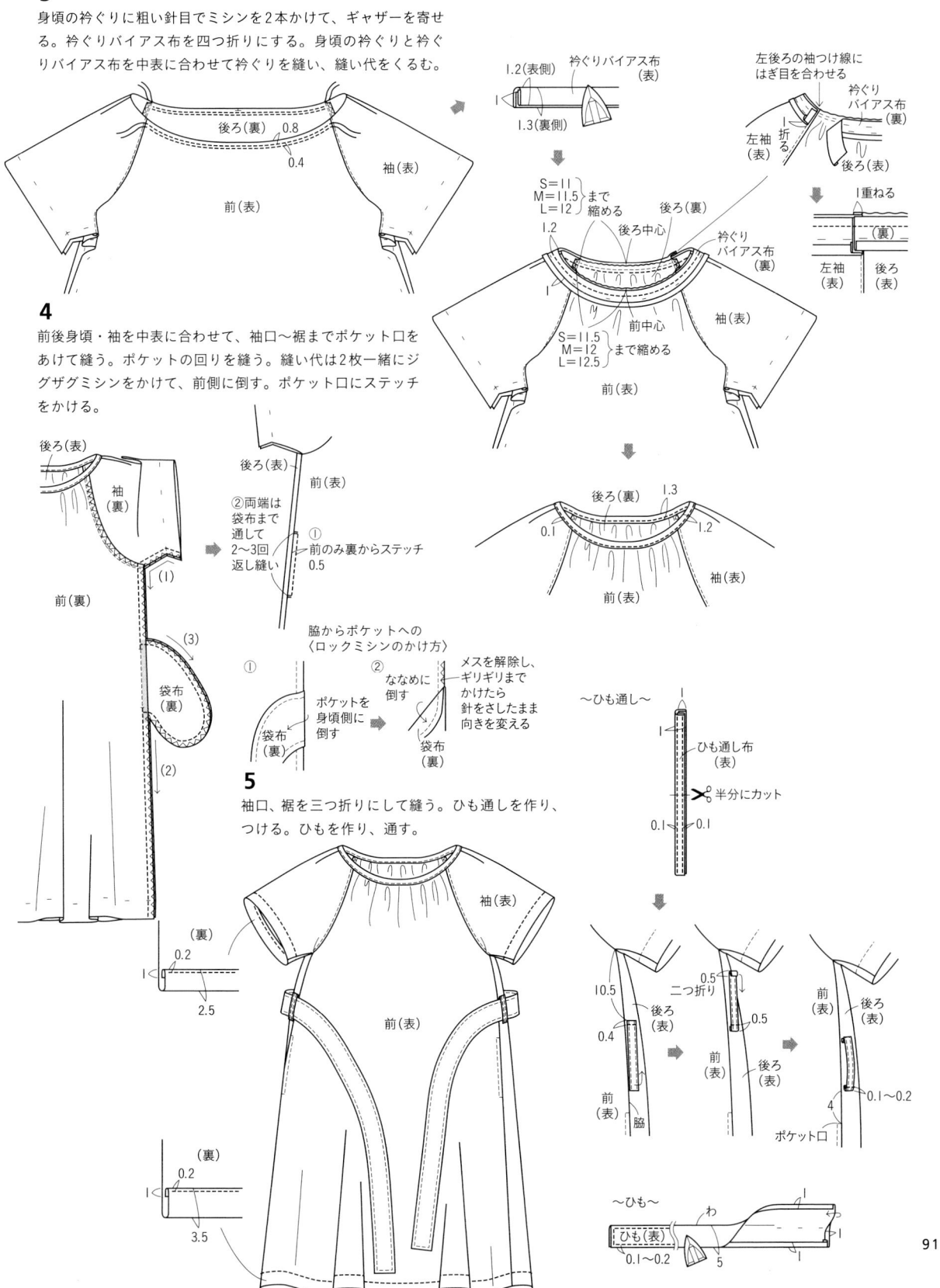

5

袖口、裾を三つ折りにして縫う。ひも通しを作り、つける。ひもを作り、通す。

※ギャザーの糸はぬく

17　ギャザーワイドパンツ　40 page

出来上がり寸法　※左からS／M／Lサイズ
ウエスト … 114／118／124cm
ヒップ … 128／132／138cm
股下 … 60／60／60cm

〔裁ち合わせ図〕　※指定以外の縫い代は1cm
　　　　　　　　※□は接着テープを貼る位置

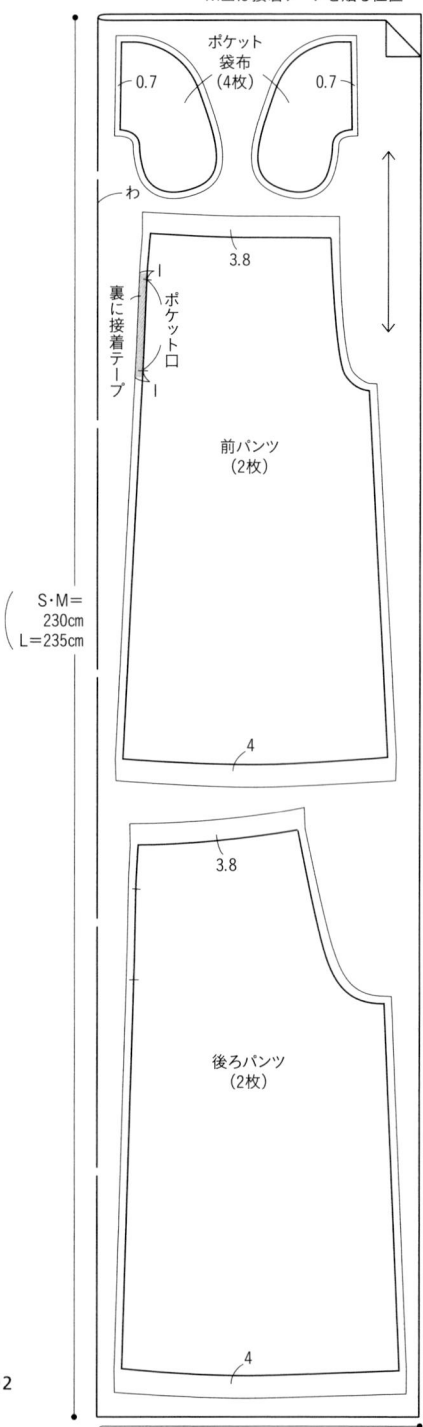

材料　※左からS／M／Lサイズ
表布 … C&Sリネン混ダンガリーソフト（シックブルー）
　　　　110cm幅を230／230／235cm
伸び止め接着テープ … 1cm幅を33cm
ゴムテープ … 2cm幅をS＝60／M＝65／L＝70cm

作り方

1
前後パンツにポケットをつける。前後パンツともに袋布のポケット口を中表に合わせて縫い、2枚一緒にジグザグミシンをかける。袋布を表に返す。

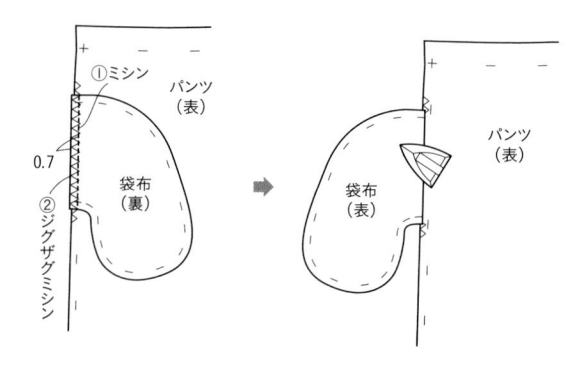

2
❶前後パンツを中表に合わせて、脇を縫う。縫い代は2枚一緒にジグザグミシンをかけて、前側に倒す。

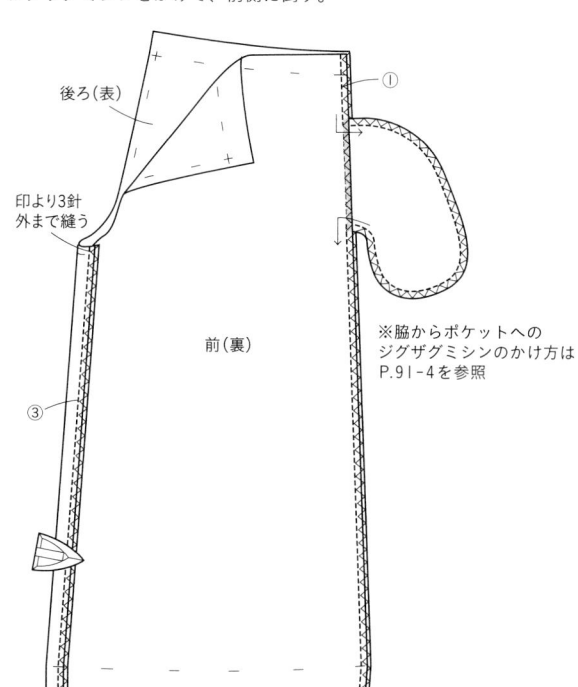

後ろ(表)

印より3針外まで縫う

前(裏)

※脇からポケットへのジグザグミシンのかけ方はP.91-4を参照

❷前パンツのポケット口に、裏からステッチをかける。表からポケット口の両端に返し縫いをする。

❸前後パンツを中表に合わせて股下を縫う。縫い代はジグザグミシンをかけて前に倒す。

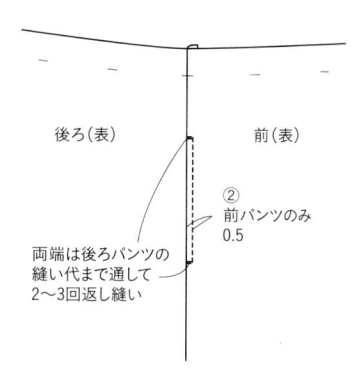

後ろ(表)　前(表)

②前パンツのみ0.5

両端は後ろパンツの縫い代まで通して2〜3回返し縫い

3
左右パンツを中表に合わせ、後ろ側にゴム通し口を残して股上を縫う。縫い代は2枚一緒にジグザグミシンをかけて、左パンツ側に倒す。

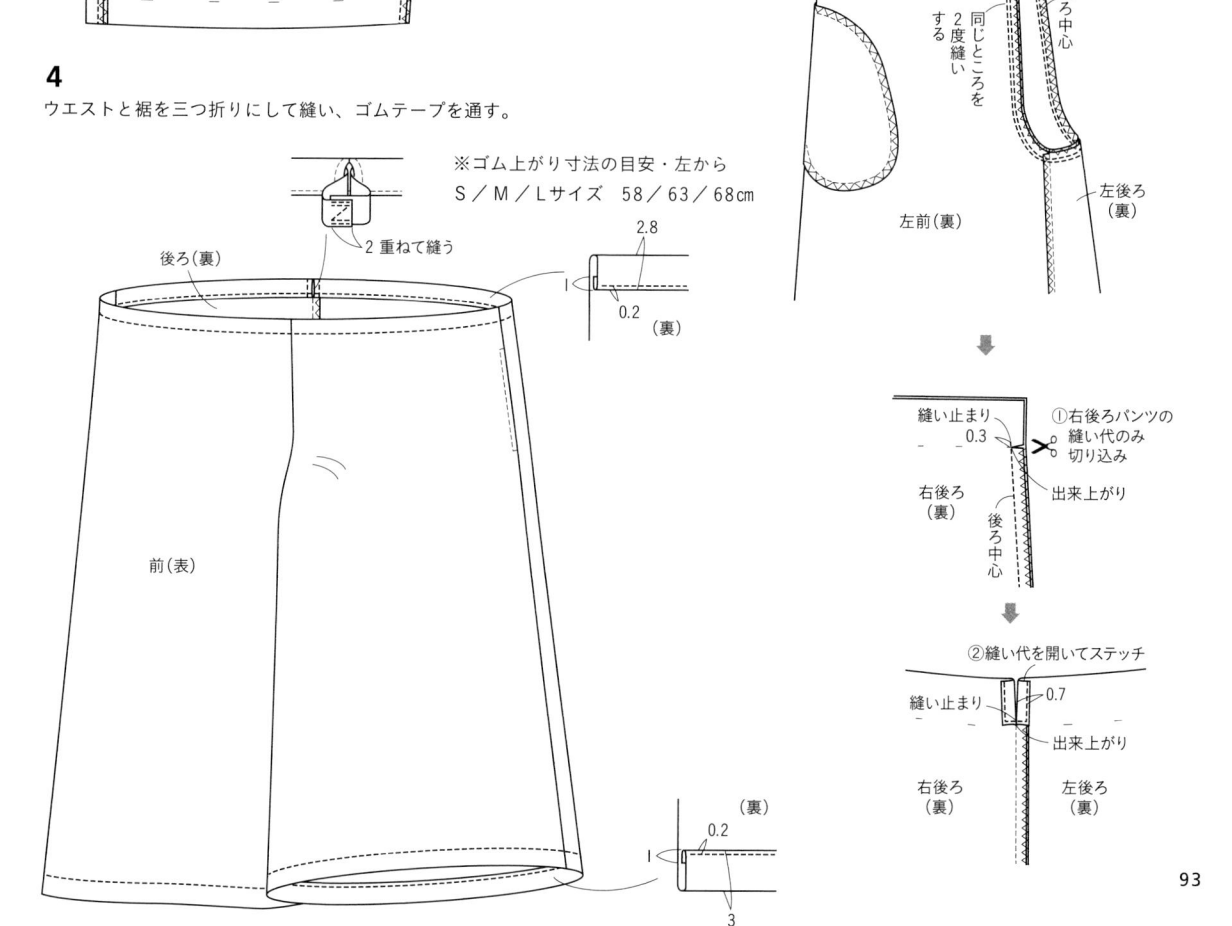

右後ろ(裏)
ゴム通し口　0.3　出来上がり
後ろ中心
同じところを2度縫いする
左前(裏)　左後ろ(裏)

①右後ろパンツの縫い代のみ切り込み
縫い止まり　0.3
右後ろ(裏)　後ろ中心　出来上がり

②縫い代を開いてステッチ
縫い止まり　0.7
右後ろ(裏)　左後ろ(裏)　出来上がり

4
ウエストと裾を三つ折りにして縫い、ゴムテープを通す。

※ゴム上がり寸法の目安・左からS／M／Lサイズ　58／63／68cm

2重ねて縫う

後ろ(裏)

2.8
0.2
(裏)

前(表)

0.2
(裏)
3

21　AラインTシャツ 大人　48page
22　AラインTシャツ 子供　49page

出来上がり寸法

〈大人〉※左からS／M／Lサイズ
バスト … 93／97／102cm
着丈 … 60.5／61／62cm
袖丈 … 14.8／15.5／16.3cm

〈子供〉※左から90／100／110／120／130／140cmサイズ
バスト … 67／71／75／79／83／87cm
着丈 … 37／39／41／43.5／45.5／48cm
袖丈 … 11.5／12／12.5／13／14／14.5cm

〔裁ち合わせ図〕
※指定以外の縫い代は0.7cm
※□は接着テープ、接着芯を貼る位置

〈大人〉

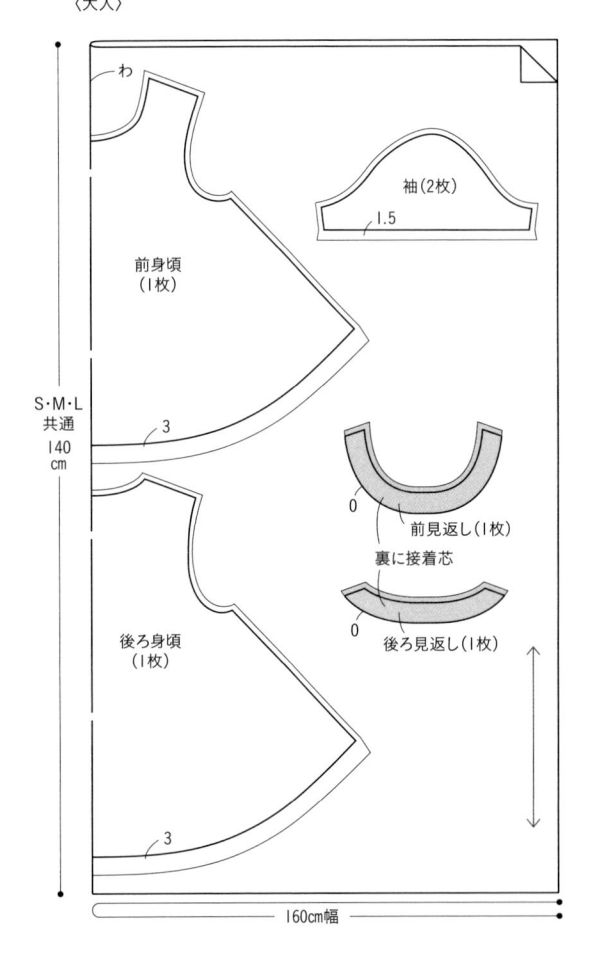

材料

〈大人〉
表布 … C&Sシンプル天竺無地（ホワイト）
　　　　160cm幅をS／M／Lサイズ共通で140cm
ニット用ミシン糸
ニット用接着芯…タテ20cm×ヨコ70cm
ニット用伸び止め接着テープ…9mm幅を30cm

〈子供〉※左から90／100／110／120／130／140cmサイズ
表布 … C&Sシンプル天竺ボーダー（ホワイト×ブルー）
　　　　160cm幅を70／80／80／80／90／90cm
ニット用ミシン糸
ニット用接着芯…タテ25cm×ヨコ30cm
ニット用伸び止め接着テープ…9mm幅を25cm

〈子供〉

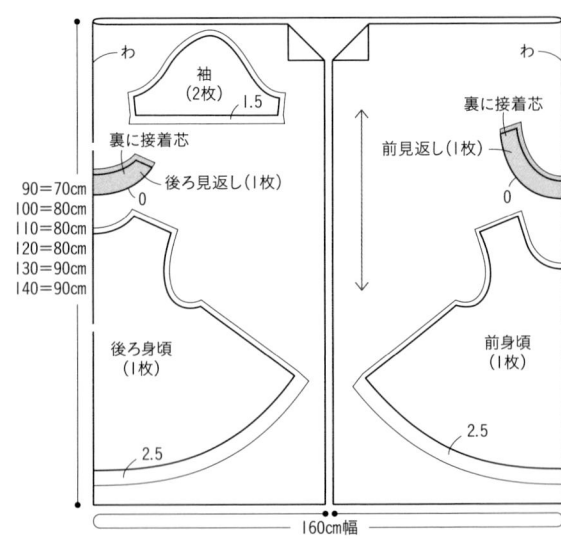

作り方
※布端の始末をする際、ロックミシンやジグザグミシンがない場合は捨てミシン（布端から0.2～0.3cmを縫う）をかける。

1
後ろ身頃の肩の縫い代裏に伸び止めテープを貼り、身頃の裾、袖口の縫い代を、ロックミシンで始末する。

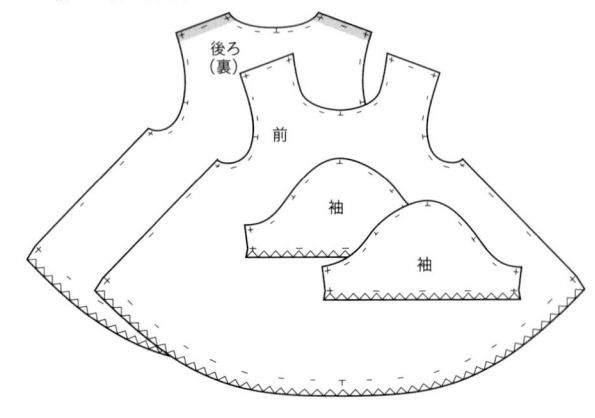

2
前後身頃を中表に合わせて、肩を縫う。縫い代は2枚一緒にロックミシンをかけて、後ろ側に倒す。

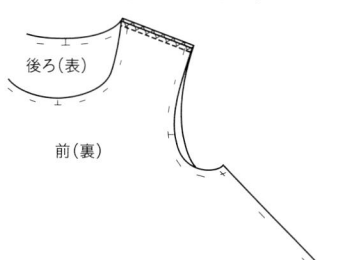

3
前後見返しを中表に合わせて、肩を縫う。縫い代は前側に倒し、前後見返しのまわりにロックミシンをかける。

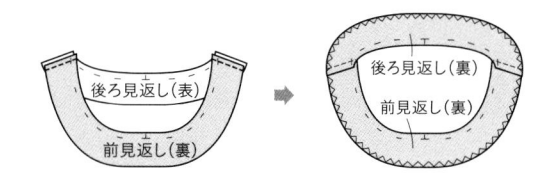

4
身頃の衿ぐりと見返しを中表に合わせて衿ぐりを縫う。カーブ部分の縫い代に切り込みを入れて縫い代を割り、見返しを表に返してステッチをかける。

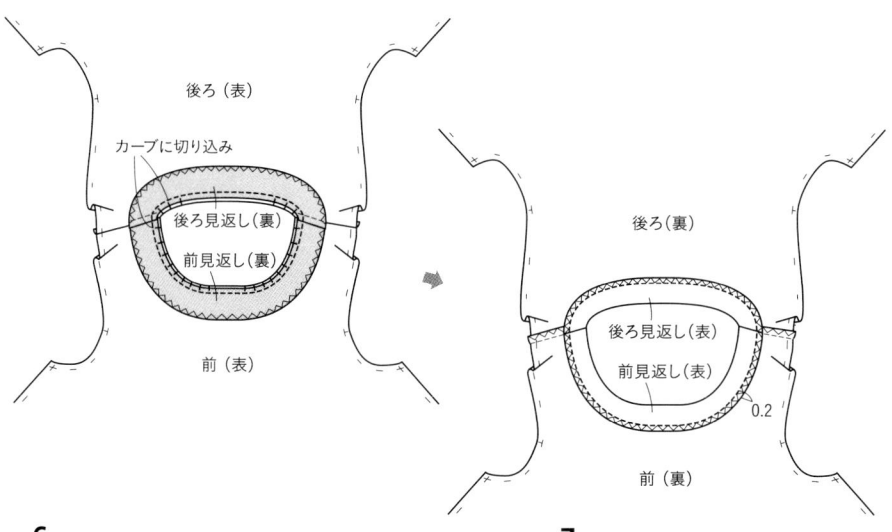

5
身頃と袖を中表に合わせて、袖ぐりを縫う。縫い代は2枚一緒にロックミシンをかけて、身頃側に倒す。

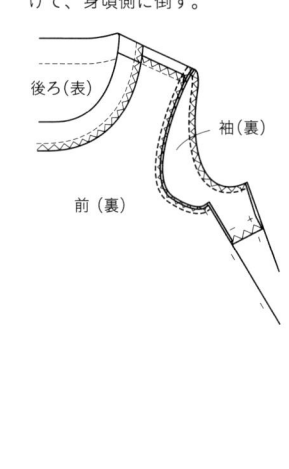

6
前後身頃・袖を中表に合わせて、袖口〜裾まで続けて縫う。縫い代は2枚一緒にロックミシンをかけて、後ろ側に倒す。

7
袖口、裾を二つ折りにして縫う。

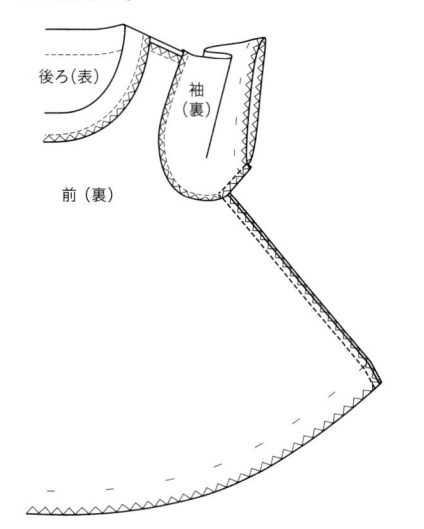

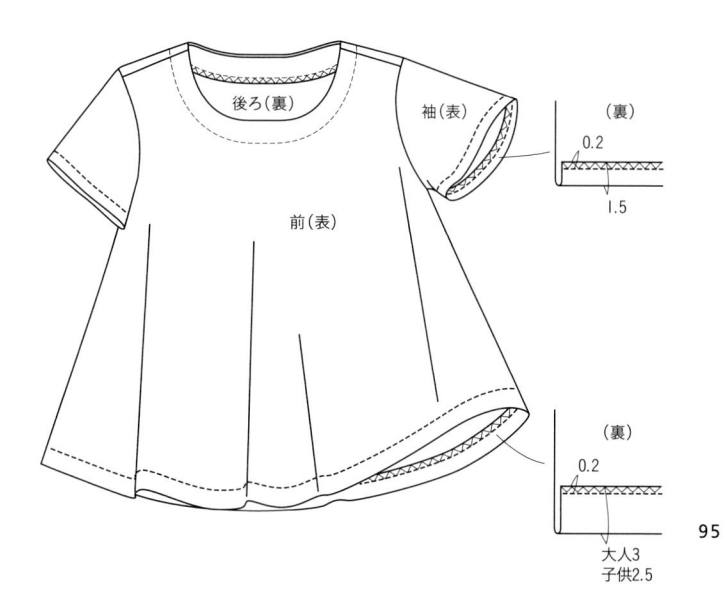

23 スモックワンピース 大人 50page
24 スモックワンピース 子供 50page

出来上がり寸法

〈大人〉※左からS／M／Lサイズ
バスト … 128／132／137cm
着丈 … 96.5／97／98cm
袖丈（衿ぐりから）… 26／26.5／28cm

〈子供〉※左から90／100／110／120／130／140cmサイズ
バスト … 72／76／80／84／88／92cm
着丈 … 51／56.5／61／66／71／76cm
袖丈（衿ぐりから）… 13.5／14.5／15.5／16.5／17／18cm

材料

〈大人〉※左からS／M／Lサイズ
表布 a（モデル着用）…C&Sやさしいリネン（ミンティー）
　　　　　　110cm幅を290／290／310cm
　　b（布違い）…C&S海のストライプのレース ミルキーウェイ
　　　　　　100cm幅を290／290／310cm
伸び止め接着テープ … 1cm幅を75／78／81cm
ゴムテープ … 0.8cm幅を51／53／55cm

〈子供〉※左から90／100／110／120／130／140cmサイズ
表布 a（モデル着用）…リバティプリント ウォーカー（ピンク系）
　　　　　　110cm幅を150／165／
　　　　　　170／185／200／215cm
　　b（布違い）…C&S綿麻レース プチロンド（ホワイト）
　　　　　　100cm幅を150／165／
　　　　　　170／185／200／215cm
伸び止め接着テープ… 1cm幅を45／45／50／50／55／55cm
ゴムテープ… 0.8cm幅を38／40／42／44／46／48cm
ボタン … 直径1.3cmを1個

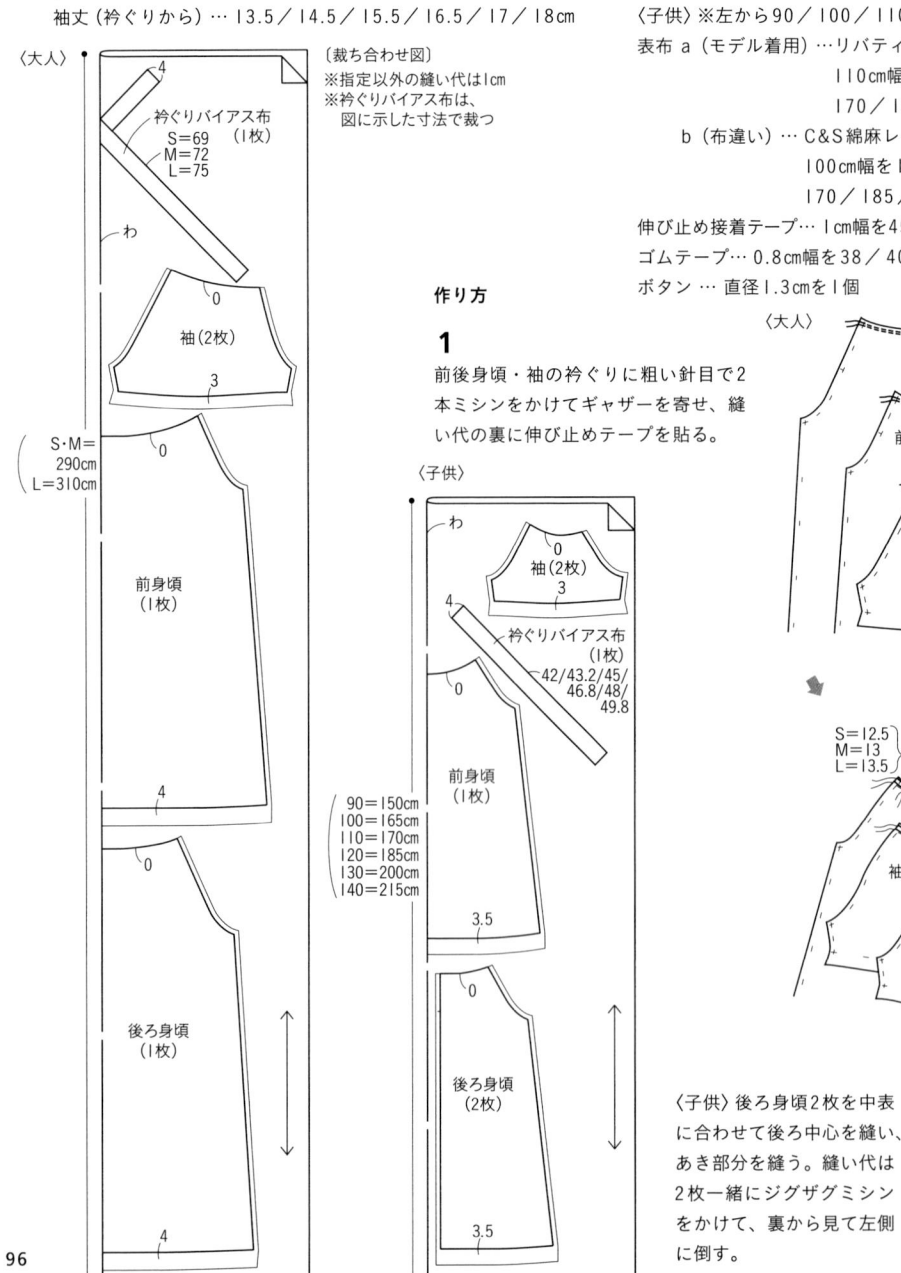

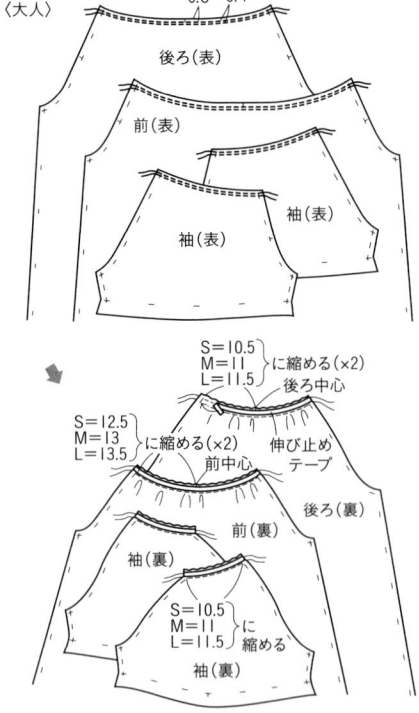

〔裁ち合わせ図〕
※指定以外の縫い代は1cm
※衿ぐりバイアス布は、図に示した寸法で裁つ

作り方

1 前後身頃・袖の衿ぐりに粗い針目で2本ミシンをかけてギャザーを寄せ、縫い代の裏に伸び止めテープを貼る。

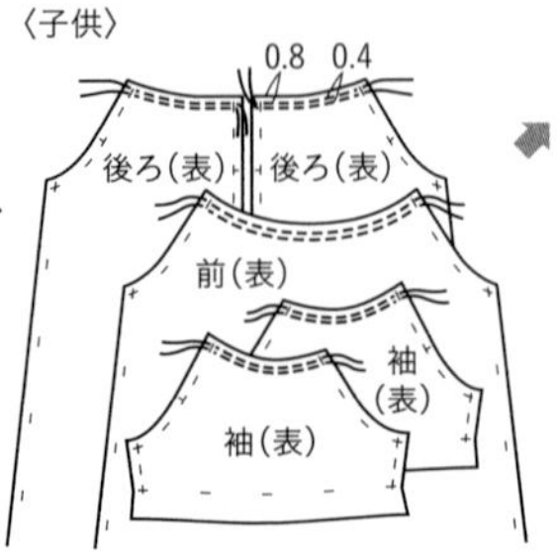

〈子供〉後ろ身頃2枚を中表に合わせて後ろ中心を縫い、あき部分を縫う。縫い代は2枚一緒にジグザグミシンをかけて、裏から見て左側に倒す。

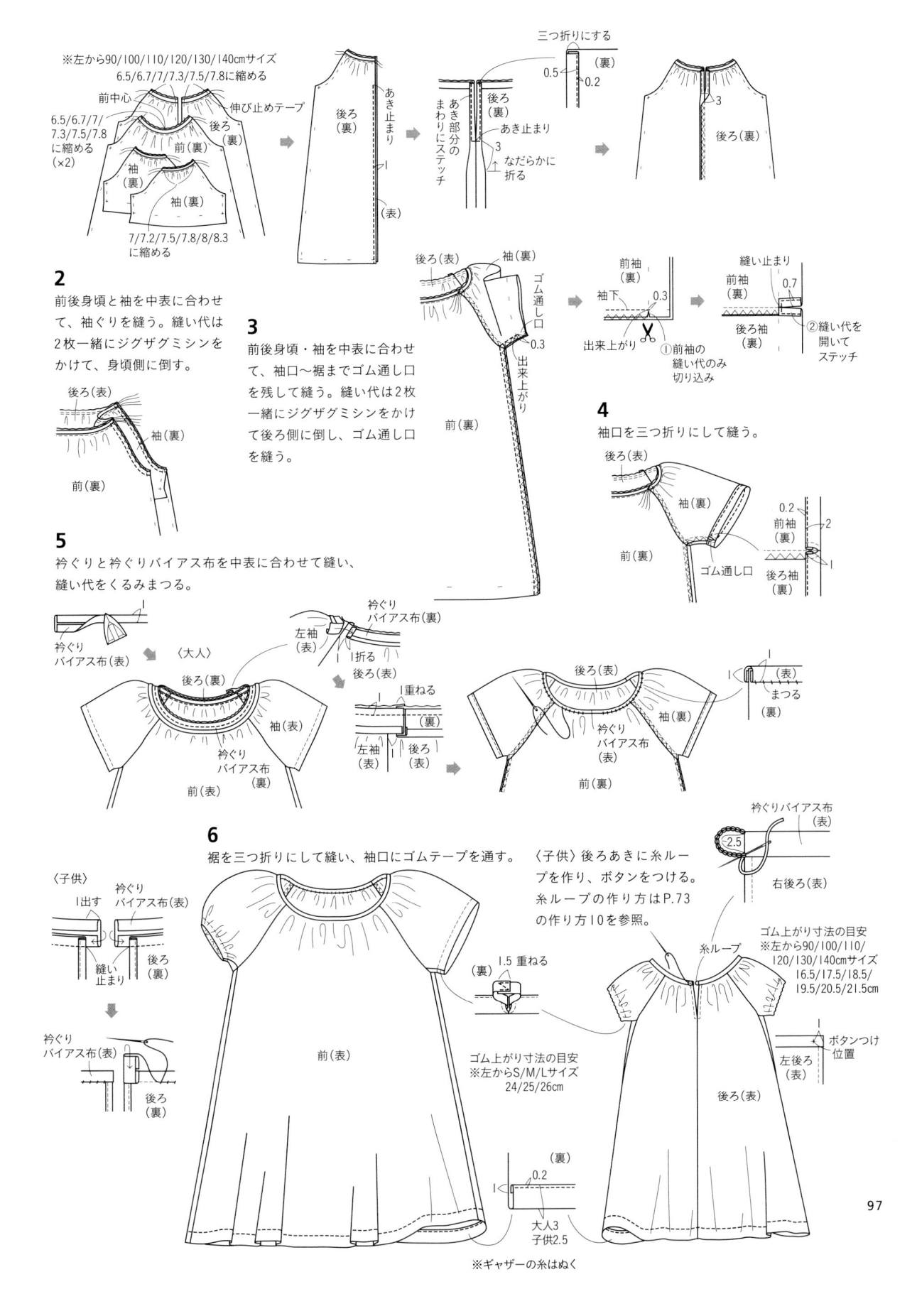

※左から90/100/110/120/130/140cmサイズ
6.5/6.7/7/7.3/7.5/7.8に縮める

前中心
6.5/6.7/7/7.3/7.5/7.8に縮める(×2)

伸び止めテープ
前(裏)
後ろ(裏)
袖(裏)
袖(裏)

7/7.2/7.5/7.8/8/8.3に縮める

後ろ(裏)
あき止まり
(表)

三つ折りにする
0.5
0.2
(裏)

後ろ(裏)
あき部分のまわりにステッチ
あき止まり
3
なだらかに折る

後ろ(裏)
3

2
前後身頃と袖を中表に合わせて、袖ぐりを縫う。縫い代は2枚一緒にジグザグミシンをかけて、身頃側に倒す。

後ろ(表)
袖(裏)
前(裏)

3
前後身頃・袖を中表に合わせて、袖口〜裾までゴム通し口を残して縫う。縫い代は2枚一緒にジグザグミシンをかけて後ろ側に倒し、ゴム通し口を縫う。

後ろ(表)
袖(裏)
ゴム通し口
0.3
出来上がり
0.3
出来上がり
前(裏)

前袖(裏)
袖下
0.3
後ろ袖(裏)
①前袖の縫い代のみ切り込み

縫い止まり
前袖(裏)
0.7
後ろ袖(裏)
②縫い代を開いてステッチ

4
袖口を三つ折りにして縫う。

後ろ(表)
袖(裏)
前(裏)
ゴム通し口

0.2
前袖(裏)
2
1
後ろ袖(裏)

5
衿ぐりと衿ぐりバイアス布を中表に合わせて縫い、縫い代をくるみまつる。

衿ぐりバイアス布(表)

〈大人〉
左袖(表)
1折る
後ろ(表)

後ろ(裏)
衿ぐりバイアス布
袖(表)
衿ぐりバイアス布(裏)
前(表)

1重ねる
左袖(表)
後ろ(表)
(裏)

後ろ(表)
衿ぐりバイアス布(表)
袖(裏)

1
(表)
まつる

6
裾を三つ折りにして縫い、袖口にゴムテープを通す。

〈子供〉後ろあきに糸ループを作り、ボタンをつける。糸ループの作り方はP.73の作り方10を参照。

〈子供〉
1出す
衿ぐりバイアス布(表)
縫い止まり
後ろ(裏)

衿ぐりバイアス布(表)
後ろ(裏)

前(表)

1.5 重ねる
(裏)

ゴム上がり寸法の目安
※左からS/M/Lサイズ
24/25/26cm

衿ぐりバイアス布(表)
2.5
右後ろ(表)

糸ループ
ボタンつけ位置
左後ろ(表)
後ろ(表)

ゴム上がり寸法の目安
※左から90/100/110/120/130/140cmサイズ
16.5/17.5/18.5/19.5/20.5/21.5cm

(裏)
0.2
1
大人3
子供2.5

※ギャザーの糸はぬく

25 あじさいのワンピース 大人 52page
26 あじさいのワンピース 子供 53page

〔裁ち合わせ図〕
※指定以外の縫い代は1cm
※衿ぐりバイアス布は、図に示した寸法で裁つ
※□は接着テープ、接着芯を貼る位置

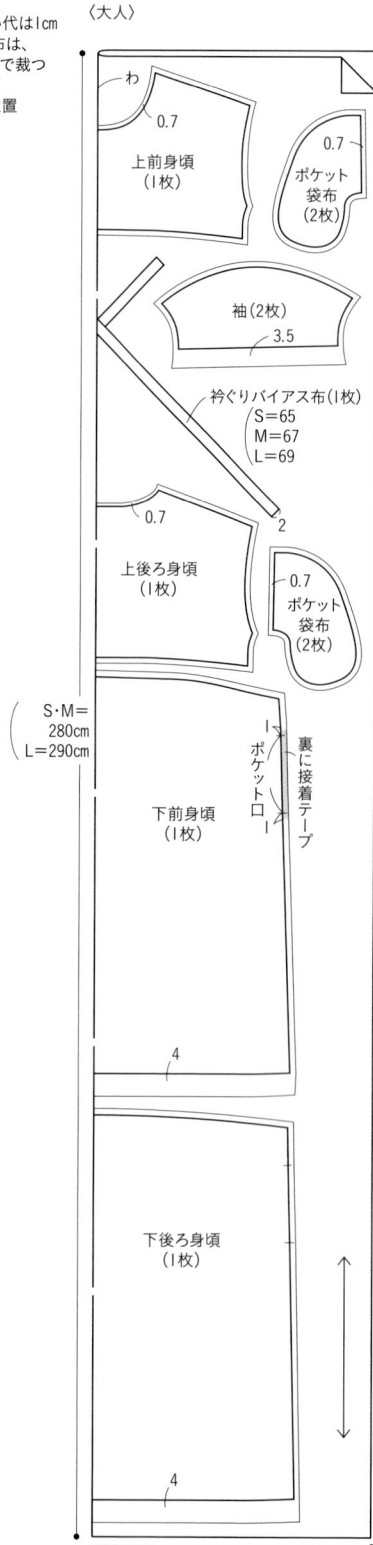

〈大人〉

- わ
- 0.7
- 上前身頃 (1枚)
- 0.7 ポケット袋布 (2枚)
- 袖 (2枚) 3.5
- 衿ぐりバイアス布 (1枚) S=65 M=67 L=69
- 0.7
- 2
- 上後ろ身頃 (1枚)
- 0.7 ポケット袋布 (2枚)
- S・M=280cm L=290cm
- 裏に接着テープ
- ポケット口
- 下前身頃 (1枚)
- 4
- 下後ろ身頃 (1枚)
- 4
- 110cm幅

出来上がり寸法
〈大人〉※左からS／M／Lサイズ
バスト … 115／119／125cm
着丈 … 103／104／105cm
袖丈 … 14.5／15／15.5cm

〈子供〉※左から90／100／110／120／130／140cmサイズ
バスト … 74／76／78／80／82／84cm
着丈 … 57／62／66.5／71.5／77／82cm
袖丈 … 8／8.4／8.7／9／9.3／9.7cm

材料
〈大人〉※左からS／M／Lサイズ
表布 … C&Sやさしいリネン（ラベンデューラ）
　　　　110cm幅を280／280／290cm
伸び止め接着テープ … 1cm幅を33cm

〈子供〉※左から90／100／110／120／130／140cmサイズ
表布 … C&S100そうギンガムチェック（黒）
　　　　110cm幅を150／160／170／185／200／215cm
接着芯 … タテ25cm×ヨコ5cm
伸び止め接着テープ … 1cmを30cm
ボタン … 直径1.1cmを3個

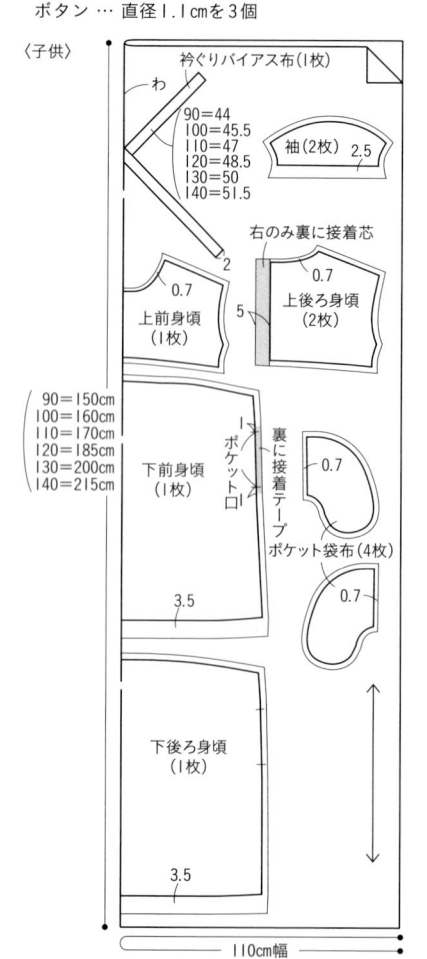

〈子供〉

- 衿ぐりバイアス布 (1枚) 90=44 100=45.5 110=47 120=48.5 130=50 140=51.5
- 袖 (2枚) 2.5
- 0.7
- 上前身頃 (1枚)
- 右のみ裏に接着芯
- 0.7 5 上後ろ身頃 (2枚)
- 2
- 90=150cm 100=160cm 110=170cm 120=185cm 130=200cm 140=215cm
- 裏に接着テープ
- ポケット口
- 下前身頃 (1枚)
- 0.7 ポケット袋布 (4枚)
- 0.7
- 3.5
- 下後ろ身頃 (1枚)
- 3.5
- 110cm幅

1
前後身頃を中表に合わせて、肩を縫う。縫い代は2枚一緒にジグザグミシンをかけて、後ろ側に倒す。

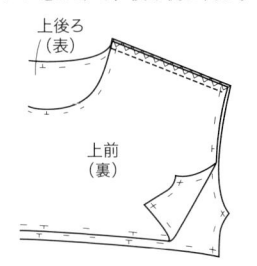

2
衿ぐりをバイアス布で始末する。

〈大人〉

❶バイアス布の長辺を0.5cm折り、衿ぐりとバイアス布を中表に合わせて衿ぐりを縫う。

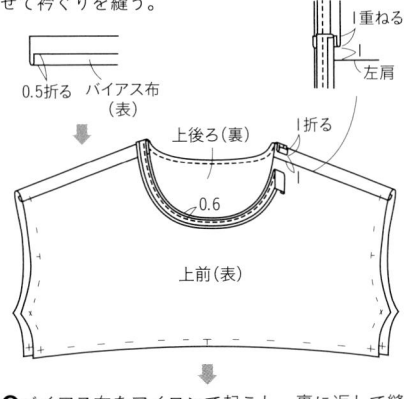

❷バイアス布をアイロンで起こし、裏に返して縫う。

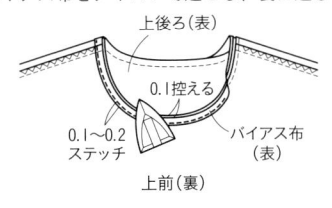

〈子供〉

❶右上身頃の後ろ中心の縫い代裏に接着芯を貼り、右上後ろの縫い代は3.5cmにカットする。左右上身頃の後ろ端を図のように折る。

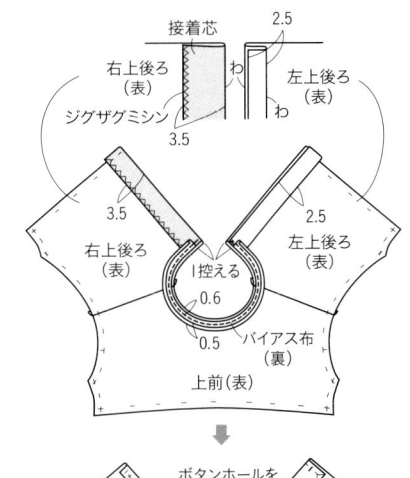

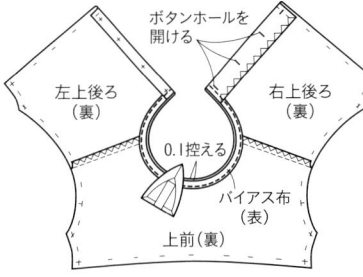

❷衿ぐりをバイアス布で始末（〈大人〉を参照）して、ボタンホールを作る。

3
前後下身頃の脇に、ポケット袋布をつける。前後下身頃ともに袋布のポケット口を中表に合わせて縫い、2枚一緒にジグザグミシンをかける。袋布を表に返す。

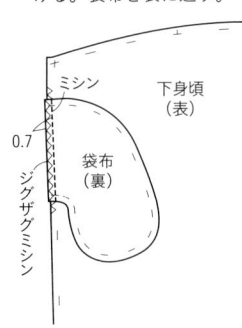

4
下身頃の上端にギャザーを寄せ、上身頃と中表に合わせて縫う。縫い代は2枚一緒にジグザグミシンをかけて上側に倒し、表から上側にステッチをかける。

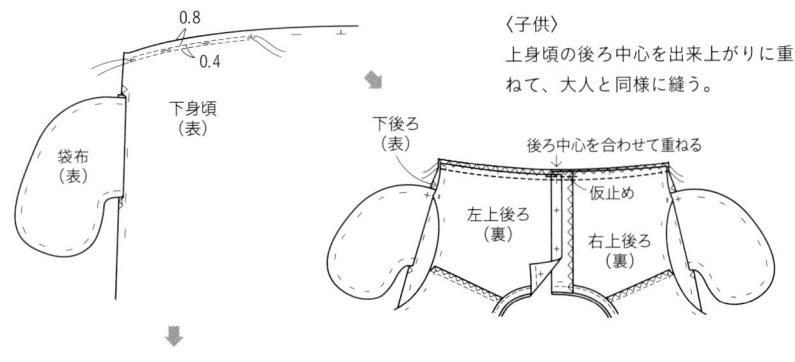

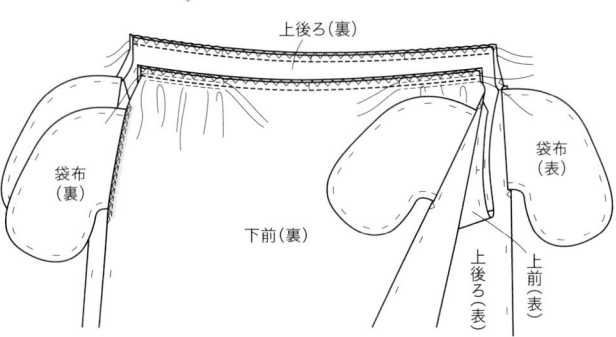

〈子供〉

上身頃の後ろ中心を出来上がりに重ねて、大人と同様に縫う。

4 続き

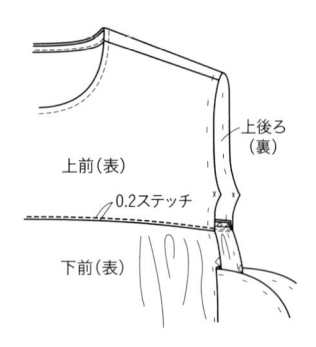

- 上後ろ(裏)
- 上前(表)
- 0.2ステッチ
- 下前(表)

5

身頃と袖を中表に合わせて、袖ぐりを縫う。縫い代は2枚一緒にジグザグミシンをかけて、身頃側に倒す。

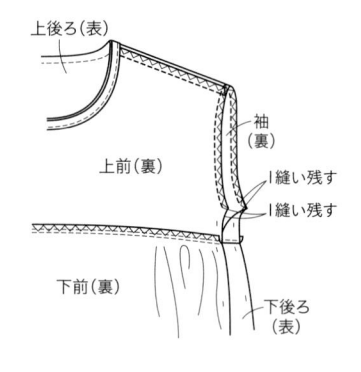

- 上後ろ(表)
- 上前(裏)
- 袖(裏)
- 縫い残す
- 縫い残す
- 下前(裏)
- 下後ろ(表)

6

前後身頃・袖を中表に合わせて、袖口～裾までを続けて縫う。縫い代は2枚一緒にジグザグミシンをかけて、前側に倒す。表に返し、ポケット口に裏からステッチをかける。

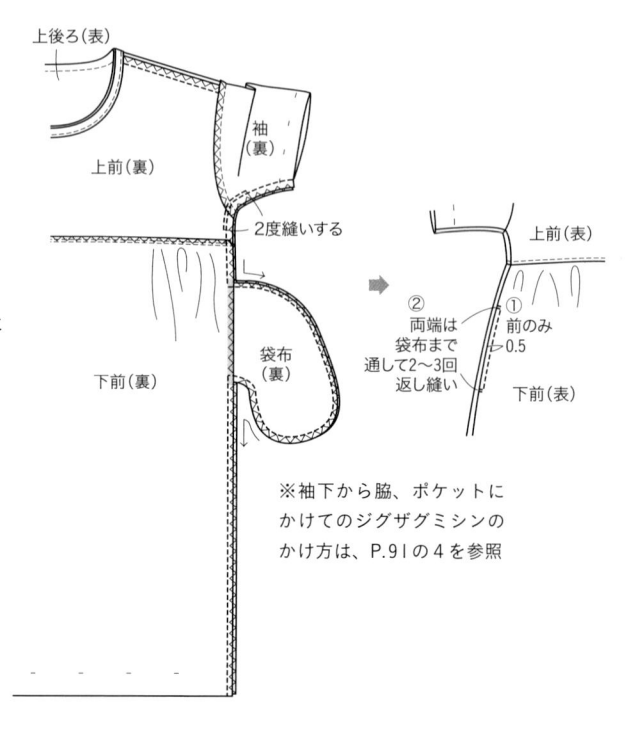

- 上後ろ(表)
- 上前(裏)
- 袖(裏)
- 2度縫いする
- 下前(裏)
- 袋布(裏)

→

- 上前(表)
- ① 前のみ
- 0.5
- ② 両端は袋布まで通して2～3回返し縫い
- 下前(表)

※袖下から脇、ポケットにかけてのジグザグミシンのかけ方は、P.91の4を参照

7

袖口、裾を三つ折りにして縫う。

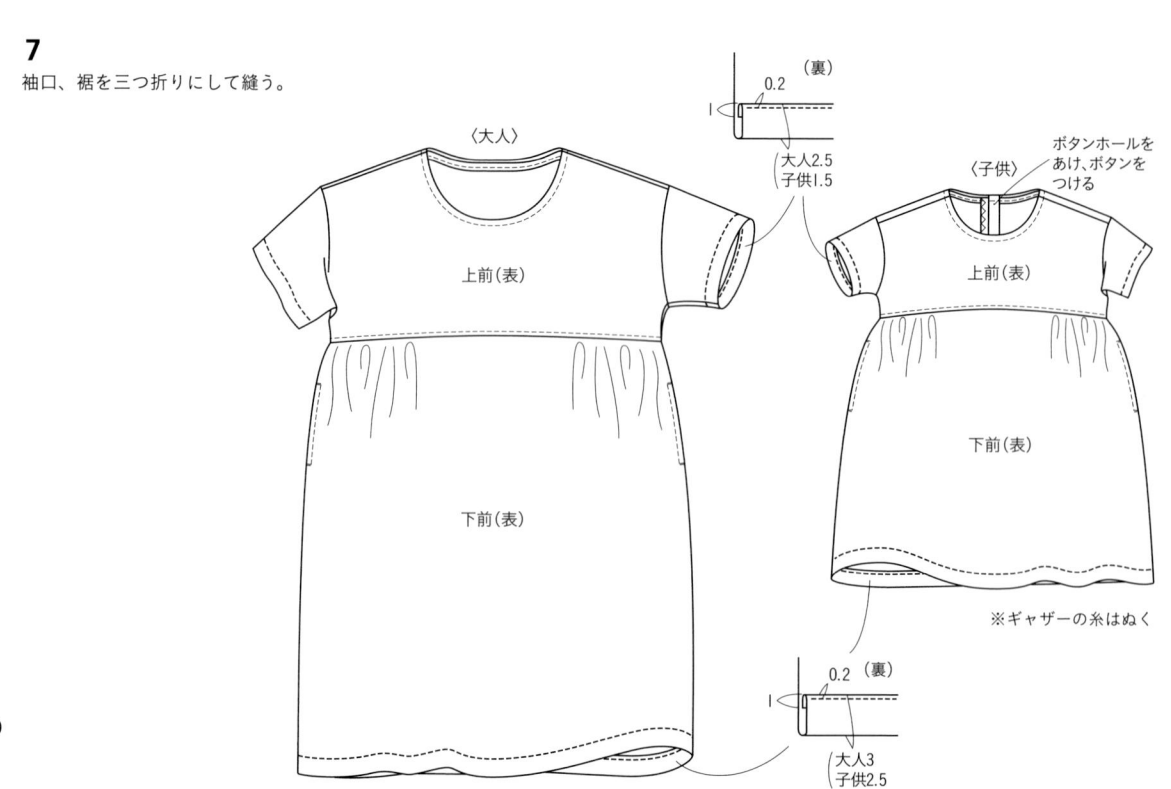

〈大人〉
- 上前(表)
- 下前(表)

(裏) 0.2 / 1 / 大人2.5 子供1.5

〈子供〉
- 上前(表)
- 下前(表)
- ボタンホールをあけ、ボタンをつける

※ギャザーの糸はぬく

(裏) 0.2 / 1 / 大人3 子供2.5

9　カシミアの湯たんぽカバー　23page

出来上がり寸法　タテ35.5cm×ヨコ20cm

材料
表布 … C&Sカシミアニット（オフ×杢グレー）タテ40cm×ヨコ75cm
ゴムテープ … 1.2cm幅で50cm

〔裁ち合わせ図〕　※指定以外の縫い代は1cm

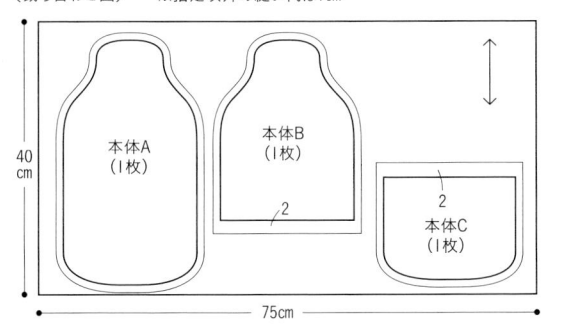

- 本体A（1枚）
- 本体B（1枚）
- 本体C（1枚）
- 40cm × 75cm

作り方

1
本体Bの下端を二つ折りにしてジグザグミシンで縫い、ゴムテープを通す。本体Cの上端も同様に作る。

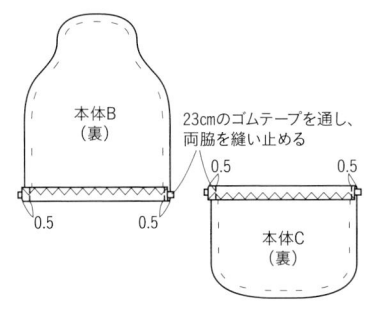

23cmのゴムテープを通し、両脇を縫い止める

2
本体Bと本体Cを出来上がりに重ね、本体Aと中表に合わせて縫う。縫い代は2枚一緒にロックミシンをかけて表に返し、カーブを整える。

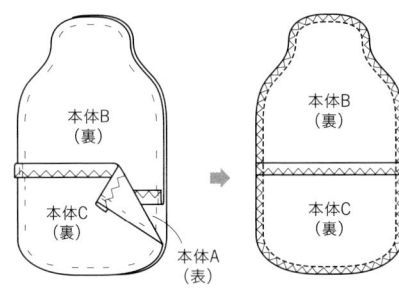

11　うさぎのサシェ　25page 27page

出来上がり寸法　タテ10.5cm×ヨコ15cm

材料　布 … a（25page）= C&Sギンガムチェック（マスカット）
　　　　　　b（27page左）= リバティプリント フェリシテ（グリーン系）
　　　　　　c（27page中央）= リバティプリント チャナ（赤系）
　　　　　　いずれもタテ12cm×ヨコ35cm
25番刺しゅう糸、麻糸 … 適宜
ドライハーブ … 適宜

〔型紙と裁ち合わせ図〕　※型紙は200%に拡大

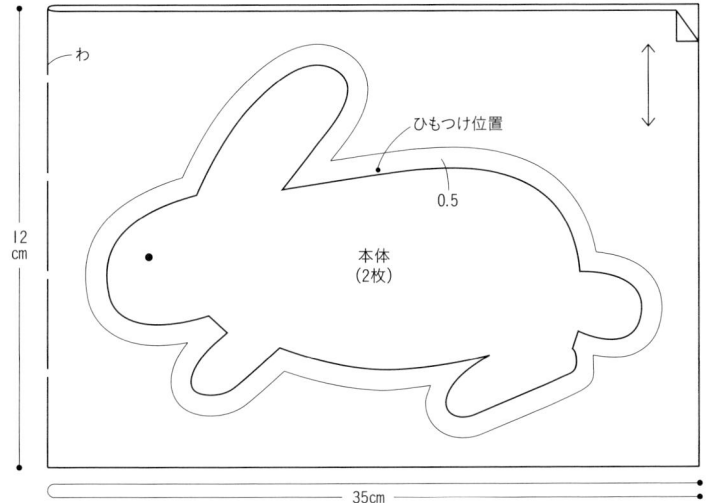

- わ
- ひもつけ位置
- 本体（2枚）
- 0.5
- 12cm × 35cm

〈フレンチノット・ステッチ〉 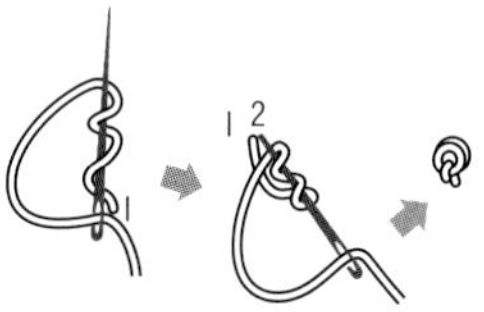　〈アウトライン・ステッチ〉
※刺しゅう糸は3本取り 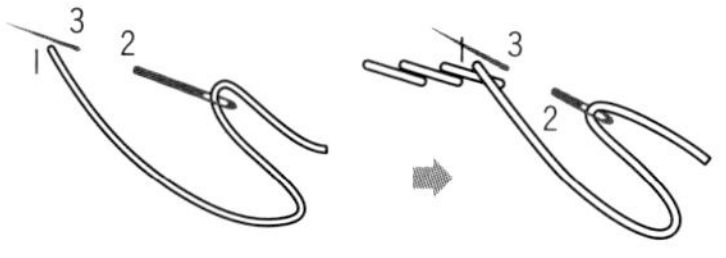

作り方

1
本体1枚の表に、目を刺しゅうする。本体2枚を外表に合わせ、お腹部分にハーブの入れ口を残して縫う。刺しゅう糸は残しておく。

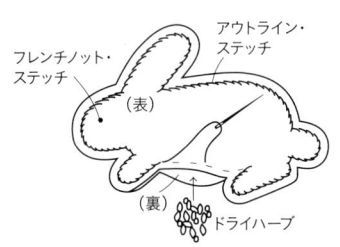

フレンチノット・ステッチ
アウトライン・ステッチ
ドライハーブ

2
ハーブを入れて、残していた糸で縫いとじる。ひもつけ位置に麻糸を通し、結ぶ。

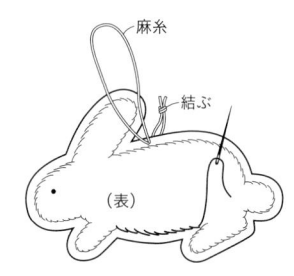

麻糸
結ぶ

27　カシュクールブラウス 大人　54page
28　カシュクールワンピース 子供　55page

出来上がり寸法

〈大人〉※左からS／M／Lサイズ
バスト…90／94／99cm　着丈…60／61／63cm
袖丈…34／34.8／36cm

〈子供〉※左から90／100／110／120／130／140cmサイズ
バスト …64／68／72／76／80／84cm
着丈 …55／60／65.5／70.5／75.5／80.5cm
袖丈 …20／22.5／25／28／31／34cm

材料

〈大人〉※左からS／M／Lサイズ
表布 …C&Sドットミニヨン 小（マスタード）
　　　105cm幅を250／250／260cm

〈子供〉※左から90／100／110／120／130／140cmサイズ
表布 …リバティプリント ザンジー サンビーム（ネイビー系）
　　　110cm幅を160／170／180／200／210／240cm

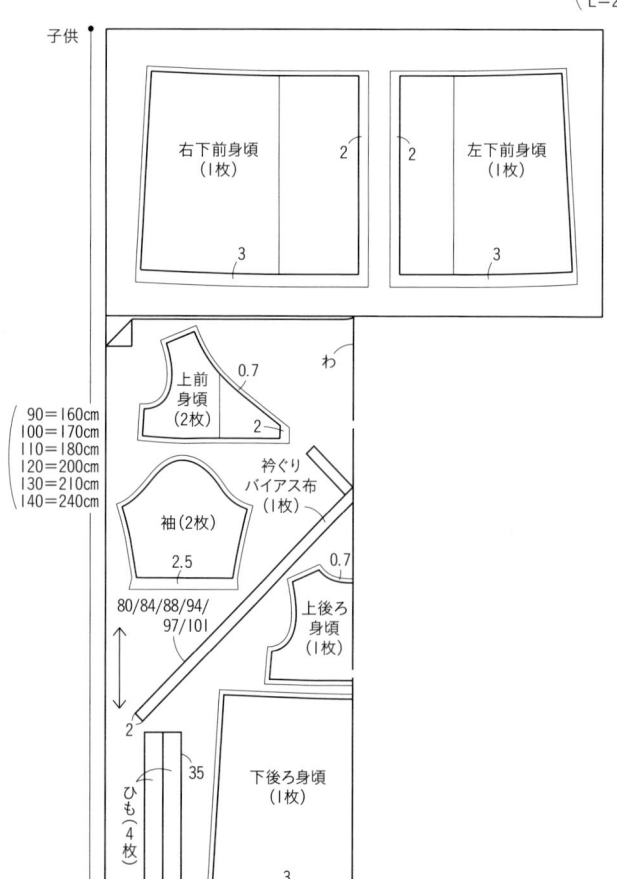

〔裁ち合わせ図〕　※指定以外の縫い代は1cm
※衿ぐりバイアス布、ひもは図に示した寸法で裁つ

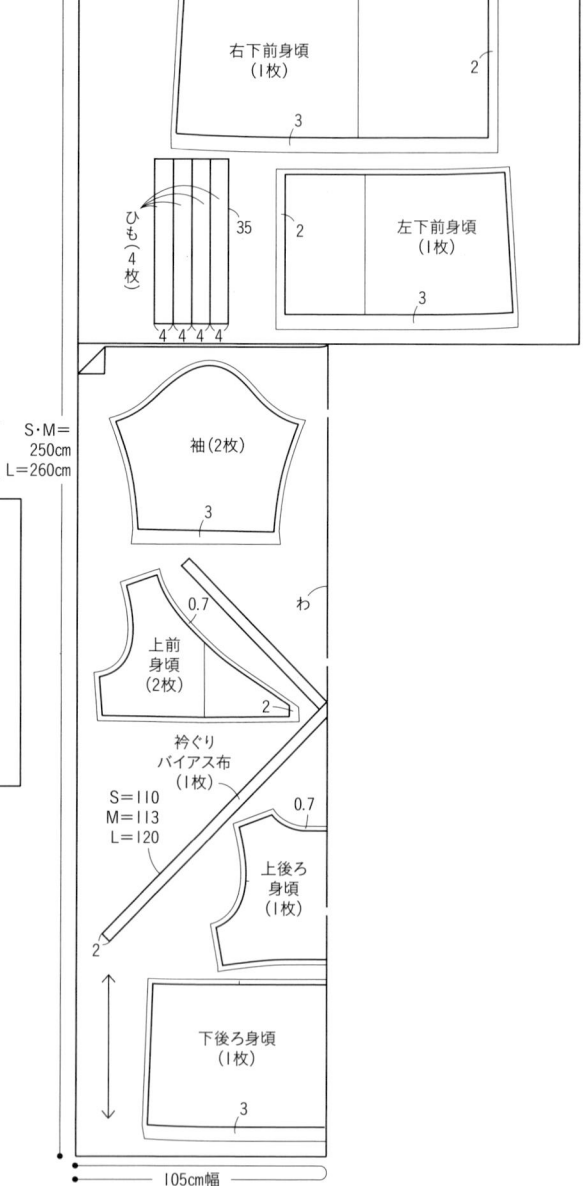

作り方

1
上前後身頃を中表に合わせて、肩を縫う。
縫い代は2枚一緒にジグザグミシンをかけて、後ろ側に倒す。

2
衿ぐりを、衿ぐりバイアス布で始末する。

❶バイアス布の長辺1辺を0.5cm折る。

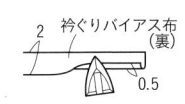

❷衿ぐりとバイアス布を中表に合わせて、衿ぐりを縫う。

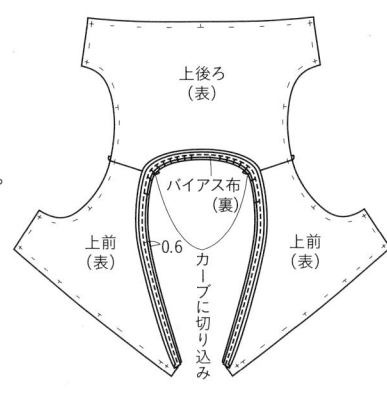

❸バイアス布をアイロンで起こし、裏に返して縫う。

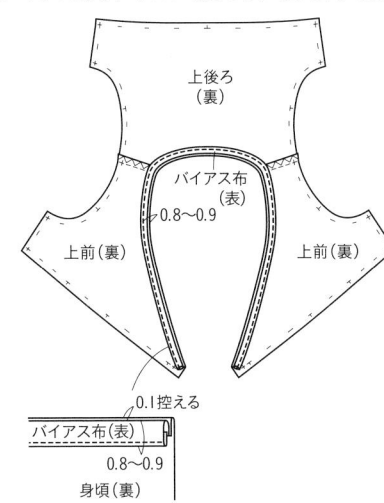

3
身頃と袖を中表に合わせて縫う。縫い代は2枚一緒にジグザグミシンをかけて、身頃側に倒す。

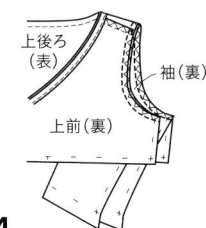

4
ひもを4本作る。

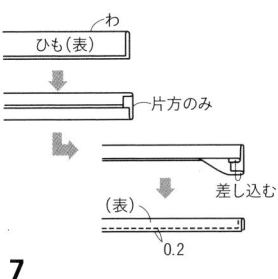

5
上前後身頃・袖を中表に合わせて左脇にひもを挟み、袖口〜上身頃脇を縫う。右脇は上前身頃の縫い代にひもを重ねて一緒に縫う。縫い代は2枚一緒にジグザグミシンをかけて、後ろ側に倒す。

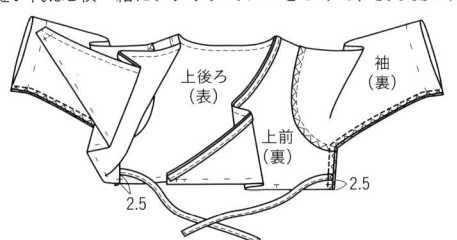

6
袖口を三つ折りにして縫う。

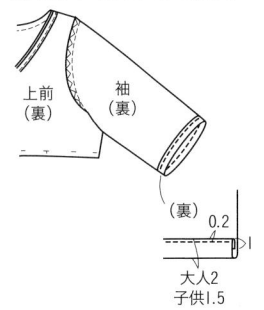

7
下前後身頃を中表に合わせて、脇を縫う。縫い代は2枚一緒にジグザグミシンをかけて、後ろ側に倒す。

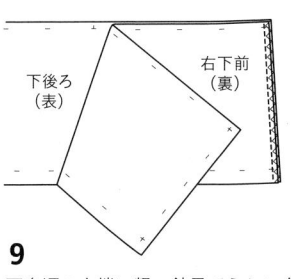

8
裾を三つ折りにして縫う。

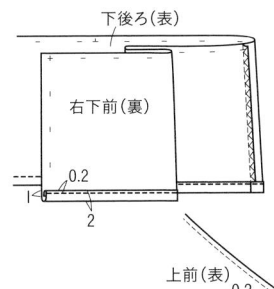

9
下身頃の上端に粗い針目でミシンを2本かけて、ギャザーを寄せる。上身頃と下身頃を中表に合わせて、ウエストを縫う。縫い代は2枚一緒にジグザグミシンをかけて上側に倒し、表からステッチをかける。

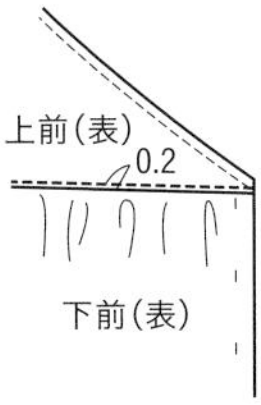

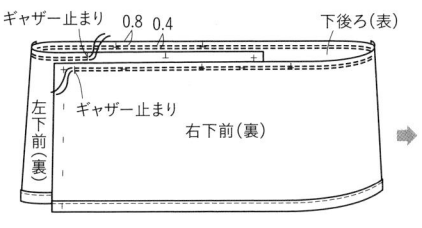

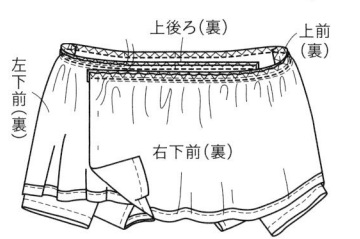

10
下前身頃の前端を三つ折りしてひもを挟み、裾まで縫う。

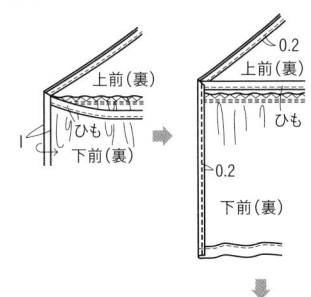

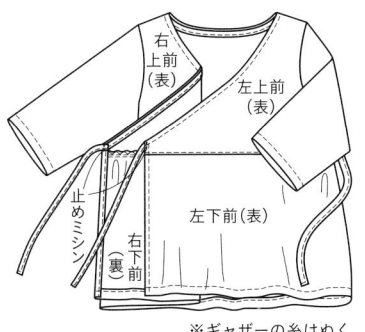

※ギャザーの糸はぬく

Profile
在田佳代子 ありたかよこ

兵庫県生まれ。
1992年より布の販売をスタート。1999年にonline shopを立ち上げ、
2006年に神戸にCHECK&STRIPEの直営店、その後自由が丘、芦屋、吉祥寺に店を構える。
シンプルで上質な布を日本で作ることにこだわり、日々各地を歩き続けている。
著書に『CHECK&STRIPE 布屋のてづくり案内』(集英社)、『CHECK&STRIPE みんなのてづくり』(集英社)など。

ブックデザイン／渡部浩美
撮影／公文美和
スタイリスト／小暮美奈子
モデル／レモン聖子　CHECK&STRIPE（脇田祥子　齋藤美佳）　工藤Mallet玲奈　工藤Mallet静良　偉来BOCCARA
ヘア＆メイク／岸本真奈美　出来和枝
作り方解説／高井法子
作り方トレース／沼本康代
パターン／水野佳子　CHECK&STRIPE（田中文子　辻岡雅樹　三浦千穂）
パターングレーディング／水野佳子
型紙トレース／安藤デザイン
海外撮影協力／Harue Konno　高倉愛
編集／岸山沙代子

CHECK & STRIPE　てづくりでボンボヤージュ

2013年4月11日　第1刷発行
2019年2月6日　第2刷発行

著者　　　CHECK&STRIPE　在田佳代子
発行人　　海老原美登里
発行所　　株式会社　集英社
　　　　　〒101-8050　東京都千代田区一ツ橋2-5-10
　　　　　電話　編集部03-3230-6340　販売部03-3230-6393（書店専用）
　　　　　　　　読者係03-3230-6080
本文製版　株式会社Beeworks
印刷・製本　凸版印刷株式会社

定価はカバーに表示してあります。造本には十分注意しておりますが、乱丁・落丁 (本のページの順序の間違いや抜け落ち) の場合はお取り替えいたします。購入された書店名を明記して小社読者係宛にお送りください。但し、古書店で購入されたものについてはお取り替えできません。本書の一部あるいは全部を無断で複写・複製することは、法律で定められた場合を除き、著作権の侵害になります。また、業者など、読者本人以外による本書のデジタル化は、いかなる場合でも一切認められませんのでご注意ください。

©2013　CHECK&STRIPE KAYOKO ARITA Printed in Japan
ISBN978-4-08-780662-5 C2076